Lorenz Filius

Flurgedanken

Momente zwischen Kommen und Gehen

Gedichte

Impressum
Filius, Lorenz:
Flurgedanken – Momente zwischen Kommen und Gehen
© Lorenz Filius, 2009, 2010, 2019

Herstellung und Verlag: BoD- Books on Demand, Norderstedt
ISBN: 978-3-7504-0667-4

**Bibliografische Information der Deutschen
Nationalbibliothek**
Die Deutsche Nationalbibliothek verzeichnet diese Publikation in
der Deutschen Nationalbibliografie; detaillierte bibliografische
Daten sind im Internet über http://dnb.d-nb.de abrufbar.

Inhaltsverzeichnis

Philosophisches

Inhalt (Philosophisches)

Spielball

Will ertragen, was sie sagen,
will nicht hören, dass sie stören,
meine Würde wird zur Bürde,
vegetierend mich verlierend.

Brauche einfach nicht zu kämpfen,
um den Gegenwind zu dämpfen,
schenke mir die schnelle Ruhe,
hoffe, dass man mir nichts tue.

Lieber gegen jene sprechen,
die die Lanze für mich brechen,
glaube, damit Gunst zu kaufen,
derer, die mich Spielball taufen.

Lasse gerne mit mir spielen,
im Karree nach Lustgefühlen
aus den Tritten, die sonst schmerzen,
Quälerei wird so zu Scherzen.

Muss nur einen Kampf gewinnen,
meinem Schweinehund entrinnen,
ist der Wille erst bezwungen,
hab ich Freiheit mir errungen.

Buchpanscher

Verdorbener Satz
selbstverliebter Rebenzüchter
verlässt den Bottich
unreifer Worte.

Angepriesen wird der Fusel
aus erpresster Setzbarkeit
als Text der Exklusivität
im Ehrenkreis der Buchpanscher.

Wer jedoch geschmeckt hat jene Tropfen,
die dem Gaumen seiner Sprache
wortverzückte Blumen schenken,
wird mit Geld für solche Wohltat
auch in Zukunft einer Lese,
die gereift sich zeigt, gedenken.

*(Mit der Literatur ist es wie mit dem Wein; das Lesen der Trauben
von der Rebe entfaltet sich im Tropfen edel oder nicht, genauso, wie das
Lesen der Worte aus einem Buch es im Geist tut.)*

* * *

Schuld der Zweisamkeit

Einsamkeit zerfrisst,
was die Zweisamkeit vergisst,
Dreisamkeit vermiest,
wenn die Zweisamkeit verdrießt.

Trauern

Schaurig ist das Trauern nicht,
wenn in Tränen Licht sich bricht,
traurig, wenn in Blicken, dumpf,
Abschiedsworte klingen stumpf.

Schönheit, die im Schmerz entsteht,
kommt, wenn anderes vergeht,
zeigt zum Trost, dass etwas bleibt,
was sich lediglich entleibt.

Denn wer sein Gefühl verzehrt,
hat sich selbst dadurch verwehrt,
zu entdecken Ewigkeit,
die uns aus dem Tod befreit.

*Der Abgestumpfte bedauert den Trauernden
um die Schönheit seiner Seele.*

Ein Star ist tot

Ein Star ist tot,
sie werden rot,
weil jemand mit Kommerz nun droht.

Die Peinlichkeit
des Themas schreit
nach Krümeln in der Wichtigkeit.

Die Welt ist bunt
und ungesund,
das Pickelkratzen macht nur wund.

Vergeudet nicht
des Geistes Licht
am Spiegel, der diffus es bricht.

* * *

Macher

Kleine Macher - große Regeln,
große Regeln - kleines Haus,
die Erleuchtung braucht kein Fenster,
denn das Zwielicht ist ein Graus.

Große Macher - kleine Regeln,
kleine Regeln - großes Haus,
sparen Zeit, sie zu befolgen,
schauen aus den Fenstern raus.

(Wer das Leben regelt, hat Zeit und Muße, den Horizont zu erweitern; wer nur Regeln lebt, verbraucht sein Leben, um sie zu befolgen.)

Neue Kunst

Heute streuen Kunstverrohte
ihren Dung der Kopfgeburten
über feine Pflanzentriebe
einer längst vergangnen Zeit.

Schnelle Lust im bleichen Antlitz
färben sie mit wilden Mustern,
nennen Kunst die neuen Farben,
die nichts sind als Künstlichkeit.

Was im Zeitgeist wild ersonnen,
wird geweiht den neuen Götzen,
die im Strohfeuer sich suhlen,
das in ihrem Rauch gedeiht.

(Künstliche Künste schießen kurzlebig wie Pilze aus dem Boden, wenn dieser nur mit genug Dung des Mammons befruchtet wird; sie verenden letztendlich am Gift ihrer eigenen Sporen.)

* * *

Zeitige Vergreisung

Wasserdurchblutet atmeten grüne Lungen mit jugendlichem
Teint der Jahrtausende den atmosphärischen Eigengeruch
eines kosmischen Jungbrunnens.

Im Gifte des adipösen Verstandes
röcheln sich verrauchte Winde
über graue Asphalte vergangener Mühen
der Verblichenen.
Sie verhöhnen ihren Schöpfer mit dem Dank,
die zeitige Vergreisung nicht mit ansehen zu müssen.

Im Kreise

Mut schickt Unmut auf die Reise,
weil er sucht, was er nicht will,
denn das Wandern auf dem Kreise
hält den Antrieb niemals still.

Wenn der Weg ist halb vollendet,
weiß er nicht, wohin er soll,
ob er durchläuft oder wendet,
aus dem Dur wird stets ein Moll.

Wer die Runden seines Lebens
immer rund umrunden wird,
glaubt, das sei der Sinn des Strebens,
hat und ist im Kreis geirrt.

* * *

Gedacht und gesagt

Vereiste Zungen
erhitzen
die schmutzige Endmoräne
des geistigen Gletschers.

Verschmilzt
am Boden des Gesagten
zu Gedankenschlamm,
der nie den reinen Gipfel
je verlassen hat.

(Das Wort im Mund kann nicht nur durch fremde Geister verdreht werden; viel bedenklicher ist es, wenn dies der eigene Verstand tut.)

Wir

Ich wusste, wer wir waren
noch vor unter 100 Jahren,
wir haben mich verloren,
denn ich ward aus uns geboren.

Um in mich zu gelangen,
als wir haben mich gefangen,
erschufen wir die Welten,
Fragen sich mir damit stellten.

‚Zu wissen' ist das Eine,
‚zu erfahren' braucht es Beine,
ich lerne wie die andern,
um zu uns zurückzuwandern.

So wird der Tag einst kommen,
wenn der Welt werd' ich genommen,
die Antwort, die ich habe,
schenk ich uns als Wissensgabe.

Ich werd' in uns verbleiben,
bis wir uns neu einverleiben,
ein neues Ich stellt Fragen,
um uns später was zu sagen.

(Vielleicht existiert ein kollektives, übergeordnetes Universum, ein übergreifendes Bewusstsein; vielleicht entstammt das Bewusstsein jedes Individuums aus diesem und kehrt nach dem Tod dorthin zurück; vielleicht hat das Große die Kleinen ausgeschickt, zu erfahren … vielleicht.)

Die Gleichen

Namen aller Gleichen
sind die Nummern im System,
Wille wird verbleichen,
Zahlen Gleichungswege geh'n.

Farben aller Gleichen
ist das Grau im bunten Licht,
Lug kann Trug erreichen,
wer ihm glaubt, braucht Wahrheit nicht.

Sorge aller Gleichen
ist die Tugend aus der Not,
niemand will entweichen,
weil im Ungleichheit sonst droht.

Fahnen aller Gleichen
schwören sich auf Gleichheit ein,
winken ihrem König,
trägt die Last, nicht gleich zu sein.

*(Wer die Individualität des Menschen unter dem Deckmantel der
Gleichwertigkeit gleich macht, schafft eine Tugend aus künstlicher Not,
die sein Hofnarr bespaßen wird.)*

* * *

Meister

Wer den Meister kürt,
braucht ein Meister nicht zu sein,
wenn er alles glaubt.

Hoch zu Ross

Hoch zu Ross, da schwebt ein Reiter,
hat den Fuß nicht auf der Erde,
glaubt, er kommt so schneller weiter
auf dem höchsten aller Pferde.

Kann sehr weit von oben sehen,
was er niemals teilen würde,
könnte niemand doch verstehen,
weil zu hoch des Blickes Hürde.

Unter sich wähnt er den Abschaum,
trabend zwischen dessen Mühen,
ahnt nicht, dass im selben Spielraum
fruchtig Wissenspflanzen blühen.

Diese machen sich zu eigen
und verflechten in die Weiten,
die sich in Gesellschaft zeigen
und nicht brauchen hoch zu reiten.

Drum, was nutzt das weite Sehen
in der Einsamkeit dort oben,
außer sich um sich zu drehen
und sich bis zum Tod zu loben?

* * *

Luxus

Luxus misst nur der,
der ihn ablehnt vehement
und ihn still verehrt.

Wert des Grußes

Gruß zerfällt, wenn er gesprochen,
in die Teile seiner Absicht,
in das Denken an den andern
sowie abgrundtiefe Ansicht.

Was bleibt übrig von den Worten
und dem Lächeln, das wir schenken,
wenn Gedanken ihren Brennpunkt
nur im Alltagsmeer versenken?

Meistens nichts und manchmal etwas,
selten aber bleibt ein Schimmern,
das sie beide wieder finden,
wenn es darf im Herzen flimmern.

Denn der Alltag geht verloren,
Lichter, die ins Dunkel steigen,
nur das Flämmchen, das gefangen,
wird ein Licht in Augen zeigen.

*(Ein nettes Wort, ein freundliches Lächeln kann jedem noch so trüben
Tag eine sonnige Insel bescheren, die, wenn man sie zu schätzen weiß,
lange nachleuchten kann.)*

* * *

Erfolge

Wer Erfolge misst
und sie braucht wie Atemluft,
arrogant erstickt.

Gerechter Lohn

Willenlos und neu bekehrt,
schmachtend und sozial entartet,
fühlt sich glücklich und begehrt,
wo Erniedrigung nur wartet.

Stolz - ein Unwort seiner Art,
ausgegrenzt und unverstanden,
wer sich seine Würde wahrt,
dessen Wort wird bald versanden.

Wer sich hingibt an den Hohn,
hat die Ruhe vor den Seinen,
wahrlich, er verdient den Lohn,
arme Sau genährt von Schweinen.

*(Nicht jede Arbeit muss bezahlt,
aber der Erbringer dieser geachtet werden.)*

* * *

Stacheln

Der erste setzt den Stachel,
der zweite zieht ihn raus,
verkürzt die Spitze, er wird stumpf,
und setzt ihn wieder aus.

Gestochen ist der zweite,
der erste ungeahnt,
verkennt die Kraft des stumpfen Stiels,
der klaffend Wunden bahnt.

Träumer und Realisten

Träumer fühl'n, was andre wissen,
ihre Wahrheit ist nicht gleich,
was der eine wird nicht missen,
macht den zweiten geistig reich.

Kann der Reichtum sich vertragen,
oder schließt er sich doch aus,
weil die Realismusfragen
sind dem Träumer oft ein Graus?

Wer verbindet Kontrahenten
damit, was zusammenhält,
weiß, dass beides ist entsprungen
aus der einen gleichen Welt.

Denn im Ursprung liegt die Wahrheit,
nicht im Geist der Einsamkeit,
nur der Widerstreit bringt Klarheit,
der befreit und nicht entzweit.

* * *

Der Verwässerer

Der Verwässerer
wird nicht zum Verbesserer,
nur vermessener.

Rücksturz

Ich falle tief wie nie zuvor
in Schluchten meiner Existenz,
und Felsen, die ich stieg empor,
in Stein gemeißelte Präsens.

Die Bilder fallen schnell hinauf
und ich hinab und stoße an,
besonders schmerzhaft schlag ich auf,
auf Brocken, die ich nie bezwang.

Die Schwärze naht, das Blau wird klein,
erinnre nicht, was eben war,
was gestern kommt, fällt mir bald ein,
war auch am Morgen noch nicht klar.

Der Punkt der ersten Willenskraft
ist bald erreicht und längst verstaubt.
Was habe ich ab da geschafft
mit Kräften, die die Zukunft raubt?

Von selbst verbrachte sich die Zeit,
und ich verging in Illusion,
dass jede Stufe mich befreit,
am Ende kam ich nicht davon.

(Der Erfolglose fällt vom Berg der Erkenntnis, wenn er den Gipfel erreicht zu haben scheint, zurück in die Vergangenheit und sieht die Etappen seiner Entwicklung schwarz. Doch manchmal findet er auf seinem Weg nach unten einen Glückspunkt, den er einfach nur vergessen hat, beim Erklimmen seines Lebens aufzusammeln. Vielleicht ein Punkt, um anzuknüpfen und einen neuen Aufstieg zu wagen.)

Wohlwollende Schandtat

Vom Schein der Heiligkeit durchtrieben,
sprießt das Unkraut der Besorgnis,
und die Wurzeln seines Keimes
aalen sich verdeckt im Dreck.

Die Dornen streicheln Emotionen
mit Verschleierung der Spitzen,
die im Schatten dieses Nebels
bohren ungeachtet ihren Weg.

Sehr schändlich ist schon das Verschandeln,
wenn der Schänder offen wandelt,
noch verwerflicher die Wohltat,
die erfüllt der Schandtat Zweck.

* * *

Moment des Daseins

Wir leben die Vergangenheit,
die Gegenwart ist, was wir sind,
denn Reaktionen auf die Zeit
erfolgen erst, wenn sie verrinnt.

Die Bilder lügen uns ein Jetzt,
doch sie sind nur, was eben war,
kaum haben sie das Hirn besetzt,
stellt sich die Welt schon anders dar.

Wie können wir die Zukunft seh'n,
wenn uns die Gegenwart vergisst
und wir noch nicht einmal versteh'n,
was im Moment des Daseins ist?

Umgang

Umgangsformen sind entbehrlich,
Miteinander wird beschwerlich,
wenn es um Gefallen geht,
der sich mal um andre dreht.

Die Bequemlichkeit in Ehren,
ist ja keinem zu verwehren,
wer nicht will, der muss ja nicht
zeigen lustlos sein Gesicht.

Dank, den soll man nicht erwarten,
wenn man zeigt die eignen Karten,
kommt trotzdem ein Wort zurück,
glücklich macht des Menschen Glück.

* * *

Selbstbefreiung

Wer versucht, sich selbst zu läutern
aus dem Merkmal seiner Last,
spricht gar oft nur über dieses
und dass er's bei andern hasst.

Manchmal weiß er tief im Innern,
oft jedoch spürt er's auch nicht,
dass die Wahrheit die er ausspricht,
führt ihn selber hinter's Licht.

Denn der Glaube, zu befreien
andere von falschem Tun,
lässt die Kraft, sich selbst zu rügen,
hinter weißer Weste ruh'n.

Des Geistes Schönheit

Worte aus Gedanken fließen
in die Leidenschaft der Schrift,
will ich nicht durch Siebe gießen,
deren Feinheit ist ein Gift.

Arroganzen feiner Poren
maßen sich ein Können an,
Raster lässt nicht ungeschoren,
was man nicht verstehen kann.

Feiner Stoff verfäscht Geschichten,
Regelwerk, im höchsten Maß,
wird mit Augenglanz vernichten,
Schönheit, die im Geiste saß.

Darum hütet euch vor Lehrern,
deren Wollust sich entleert
in Versuchen, zu bekehren,
Regeln sei'n niemals verkehrt.

* * *

Des Friedens Lied

Recht hat uns bekriegt
und Gerechtigkeit besiegt,
Fried' ist Siegers Lied.

Der Wichtigtuer

Zum Beisteuern hat er nicht viel,
er bringt sich gerne mal ins Spiel,
verfehlt dabei zwar oft das Ziel,
doch darum ihm's nicht gehen will.

Verdient wie andere sein Brot,
doch hasst er es bis auf den Tod,
wenn ihm von uns die Gleichheit droht,
bringt seine Hybris aus dem Lot.

Um zu erleuchten sein Gesicht,
muss er sich führen hinter's Licht,
ein Zwang, gefühlt wie eine Pflicht,
bizarr daran sein Schein zerbricht.

* * *

Oberlehrer

Wissen ist ein See,
Oberlehrer leert sich aus,
wo ein Lehrer schwimmt.

(Der Wichtigtuer und der Oberlehrer, zwei, die sich ergänzen; beide angetrieben vom Geltungsbedürfnis, geht es dem ersten darum, Schein zu sein und dem anderen, im Sein zu scheinen.)

Schönheits Schandtat

Wer erwartet Mitleid
in der Grausamkeit des Lebens,
hat sie längst vergessen,
die Natur des edlen Strebens.

Was der Nebel scheidet,
wird auf dieser Seite lieben,
während auf der andern
Grausamkeiten sind verblieben.

Unschön solche Bilder,
die sich aus dem Wabern winden:
Schrei'n sie uns entgegen,
sorgt dafür, dass sie verschwinden!

Doch was sich entnebelt,
hat sich selber nicht geschändet,
ist an Schönheits Schandtat,
die sich Gleichmut nennt, verendet.

*(Die Schönheiten des Gleichmutes können sich nur jene leisten, die die
Nebel der Ignoranz als natürliche Grenze zwischen Dasein und
Dortsein betrachten.)*

Raum und Zeit I

Leer ist hohl, doch nicht verschwunden,
reich an Nichts und voll mit Stunden.

Ist der Raum ein Kind der Zeiten,
oder schenken Zeit die Weiten?

Kann die Zeit noch existieren,
ganz allein als eins von vieren?

Kann ein Raum die Zeit verlassen,
ewig sein und nie verblassen?

Was geschieht, wenn eins verschwindet?
Nichts dort, wo sich nichts befindet?

Raum und Zeit zerfällt zur Frage:
Was ist Nichts in keiner Lage?

* * *

Raum und Zeit II

Raum erzwingt die Zeit,
Räume ohne Zeitverlauf
sind die Ewigkeit.

*(Das Raum-Zeit-Gefüge stellt die immerwährende Frage: Was ist
Zeit? Existiert sie wirklich? Oder ist es nur ein Hilfskonstrukt,
sozusagen als vierte Dimension, im dreidimensionalen Raum
Veränderungen zu erkennen? - Die Wissenschaft hat Theorien
… die schön sein müssen, mehr auch nicht.)*

Schwarzweiß

Als ich schwarz gesehen habe,
floh das Blau mir aus den Augen;
was sich weiße Reinheit nannte,
drohte Farben auszulaugen;
schwarz und weiße Ungedanken
nie zum Regenbogen taugen.

* * *

Seltene Steine

Selten edel sind die Steine,
die euch in den Weg gelegt,
selten findet man wohl keine,
wo der Mensch sich hinbewegt.

Selten sieht die Schlauheit Brocken
als ein Schatz aus Mineral,
selten kommt sie nicht ins Stocken,
Weiterlaufen wird zur Qual.

Selten, aber nicht unmöglich,
ist ein Goldstück im Gestein,
selten, wenn auch oft nicht löblich,
kann man sich damit befrei'n.

*(Der Kampf im Lebensweg befreit, wenn man die grauen Brocken
selbst beiseite schafft. Wer sich freikauft, bezahlt den Preis an den
Brocken, den er sich künftig selbst in den Weg legt.)*

Fürchtet euch nicht

Fürchtet euch nicht, denn wir haben im Griff,
nicht, was euch Angst macht, nicht sinkendes Schiff.

Mutige Pläne seit langem gehegt,
euch in den Weg, uns zu Füßen gelegt.

Stolz und zivil mit der Kraft in der Hand
werden wir schützen, was Macht hat im Land.

Opfer bedauern die Opfer nur still,
Täter die trauern, bejubeln sie schrill.

* * *

Petzen

Er sagt was, was sie nicht hört.
Es verpetzt ihn, sie empört.
Sie ihn heut nicht mehr betört.

Sie sagt was, was er nicht hört.
Es verpetzt sie, er verstört.
Er sie heut nicht mehr berührt.

Es sagt was, was niemand hört,
weil es sie und ihn nicht stört,
was zu neuem Petzen führt.

*(Versagt man Kindern die Aufmerksamkeit,
nehmen sie die Sache selbst in die Hand.)*

Neue und alte Sklaven

Neue Sklaven echauffieren
sich gebildet über's Los,
das die alten Sklaven zogen;
fühlen sich in Freiheit groß.

Neue Sklaven schaffen einsam,
denn im Denken liegt die Kraft,
die man ihnen hat genommen,
die aus Gleichheit Freunde schafft.

Neue Sklaven lächeln heiter,
wo es nichts zu lachen gibt,
wer nicht mitlacht, ist verdächtig,
macht beim Herrn sich unbeliebt.

Neue Sklaven geben alles,
Knochenbruch wird stolz gezeigt,
beifallheischend vor dem Gönner,
der von Freiheit sie befreit.

Neue Sklaven profilieren,
durften alte Sklaven nicht,
doch die brauchten nicht blöd grinsen,
denn sie hatten ein Gesicht.

Windgedreht

Gestern kam der Wind von hinten,
trug den Mut der Neubesinnten,
später blies er von der Seite,
Kampf dagegen Frust befreite,
wenn von vorn der Sturm fegt morgen,
unerträglich diese Sorgen.

Denn befassen mit den Massen,
die die Fahnen fliegen lassen,
macht es schwer, sich auszuformen
gegen die verhassten Normen,
und Blessuren an den Streben
machen unbequem das Leben.

Aus dem Flattern eine Chance
bringt vielleicht zurück Balance,
wenn man nutzen kann die Wirren,
um sich neu zu orientieren;
was einst kampfhaft vorwärts stürmte,
bald geschmeidig rückwärts türmte.

(Den Stolz im Segel bläst der Wind, trägt ihn mit Leichtigkeit zum Ziel. Der wahre Stolz die Haken sind, die schlägt bei Gegenwind der Kiel.)

Wie es euch gefällt

Wie es euch gefällt,
bemühen wir uns um das Wohl,
was ihr euch bestellt,
uns keine Mühe machen soll.

Euer Wunsch Befehl,
doch wer ihn gab, das wisst ihr nicht,
wollt, was keiner will,
das schreiben wir euch ins Gesicht.

Tanzt im kleinen Kreis,
denn wer sich dreht, an Freiheit glaubt,
niemand darin weiß,
dass sie ein Zirkel hat geraubt.

* * *

Schwarze Raben

Schwarze Raben haben Flügel,
stehen stolz im Blumenfeld,
stechen hässlich schwarze Flecken
in die bunte Alltagswelt.

Schwarze Raben öffnen Flügel,
grau der Schatten, riesengroß,
Licht dahinter ist ein Lügner,
schwindet es - ein Vogel bloß.

Schwarze Raben schlagen Flügel,
scheuchen arme Hühner auf,
gackern kopflos in die Weite,
nehmen Mähdrescher in Kauf.

Fehler

Auf dem Grabstein ist ein Fehler,
drum steig ich noch mal hinab,
wollte makellos doch gehen,
gibt ja sonst nichts, was ich hab.

Doch ich merke, dass die Schwaden
meines Geistes sind zu schwach,
wer hat mich nur so verladen,
teurer Marmor gibt nicht nach.

Meine Zeit beginnt zu rennen,
oben wartet einer schon,
kann mich einfach noch nicht trennen,
würde heben mich vom Thron.

Zwecklos, also muss ich gehen,
mit der Unschuld im Gesicht,
tut mir leid, erhör mein Flehen,
richten konnt' ich's leider nicht.

Kein Problem, es sei verziehen,
dieses Nichts in totem Stein,
doch vom Fehler deines Lebens
kann auch Gott dich nicht befrei'n.

Zeit des Schlafes

Die Zeit des Schlafens ist vorbei,
die Nacht der Träume längst vergessen,
und auch am Tag sind wir nicht frei,
wir sind von unsrer Zeit besessen.

Die Leichtigkeit ist uns verwehrt,
die einst beschwingte unser Denken,
was uns beschäftigt, ist beschwert
und nimmt, anstatt uns was zu schenken.

Gemacht von uns - gemacht für wen
ist, was uns täglich wird beschieden,
vor Bäumen wir den Wald nicht seh'n,
wird nicht mehr oft die Nacht befrieden.

Vielleicht erfinden wir die Ruh'
erneut, wenn wir als Gut erkennen,
was uns führt unserm Ursprung zu,
vor welchem wir von dannen rennen.

(In der hektischen Betriebsamkeit vergessen wir allzu oft, uns zu besinnen, auf das, was uns ausmacht. Früher passte sich der Mensch an das an, was er vorfand; heute erfindet er etwas, um sich daran anpassen zu können.)

Drachenblut

Mancher, der in Drachenblut gebadet,
dass ihm niemand anderes mehr schadet,
wird heroisch ohne Überwindung,
Übermut verlässt Verstandesbindung.

Scheut nicht, offensiv sich auszubreiten,
niemand kann ihm schlagen in die Seiten,
so verliert er bald schon aus den Augen,
dass die andern an den Sieg noch glauben.

Wer sich härtet erst in Kampfes Wetter,
dem fällt Herbstlaub tot auf Schulterblätter,
rechnet nicht mit Schicksalsstreich von hinten,
der den fast erreichten Sieg lässt schwinden.

Stirbt jedoch im Sommer schon der Drache,
baden Kämpfer sturmlos in der Lache,
sehen so gelassen in die Zeiten,
die, bevor sie sind, den Sieg bereiten.

Neue Sprache

Sie entleeren unsre Sprache,
tilgen Worte aus Problemen,
relativ kann man gewichtet
simplen Dingen Klarheit nehmen.

Wer nichts kann ist Lebenskünstler,
Arbeitslos wird Arbeitsuchend,
Erstgenannter fühlt sich besser,
Letzterer ist nicht mehr fluchend.

Rezension ist Wachstumspause,
Wettbewerb kein Konkurrieren,
Zweifel aus dem Unbequemen
die Extreme pauschalieren.

Aggression ist Schrei nach Hilfe,
Gettos sind Sozialprojekte,
Menschen sind nur weiche Ziele,
Pöbeln zeigt Konfliktaspekte.

Durcheinander nennt sich Vielfalt,
was geschah wird umberaten,
und die Opfer von Verbrechen,
sind Erfahrende von Taten.

Je nach Ansichtshaltung sind es,
Störer oder Aktivisten,
auf politregierter Bühne
als Realprotagonisten.

Katastrophen sind nur Chancen,
aus den Fehlern zu erwachen,
die vermeidbar wär'n mit Wissen,
das nicht Meinungsmacher machen..

Edles Metall

Ehrgeiz stirbt den Tod in Bronze,
gräulich ist das kleine Glück:
für den einen eine Chance,
bringt's dem andern Leid zurück.

Beigeschmack von Silber fade,
farblos nur sein Schattenruhm;
blanker Weg auf Zielgerade,
mutig, nächsten Schritt zu tun.

Gold erleichtert ungeachtet,
niemals Glück, nur Status quo;
letzte Stufe unerwartet,
macht den wahren Sieger froh.

* * *

Worte und Taten

Einer macht, der andre redet,
Schritt für Schritt wächst Plan und Bau,
auf ein Ende hofft der andre,
was der eine kennt genau.

Laute Töne, leise Taten,
hier Gefolge, dort ein Mann,
dieser wird zum Schluss verraten,
was kaum jener halten kann.

Klein vielleicht die Offenbarung,
die ein Einzelner vollbracht,
groß jedoch die Lästernahrung,
die den andern einsam macht.

Woge der Angst

Das Plätschern im Ereignismeer
verläuft sich meist am Lebensstrand,
solang Gezeiten Freunde sind,
reicht jeder Tag der Nacht die Hand.

Aus Ahnungslosigkeit wird Furcht,
wenn wir den Wechsel nicht versteh'n,
und sie vergrößert eine Flut,
die wir vor Wogen kaum noch seh'n.

Den Boden zu verlieren droht
im Sand, obwohl er trocken ist,
wer Angst hat vor dem Wellenberg,
doch dabei die Distanz vergisst.

Der große Schatten, den man sieht,
verbirgt zum Abend seinen Schein,
zeigt ungeahnt am neuen Tag,
das Wasser unterm Schaum ist klein.

*(Hast du Furcht, kannst du dich wehren
und die kleinen Dinge klären,
die sich gegen dich verschwören,
nur, wenn sie der Angst gehören.)*

Verdichtungswahn

Gierig mit Verzückung köpfen Dichter ihre Texte,
delinquente Sätze sterben durch Verdichtungsäxte,
Schuldspruch über Worte ohne Sinnbehaftungsehre,
nur das Haupt soll leben, steht allein in Geistes Leere.

Fetisch, schwer verstümmelt, lässt den Scharfdichter entgleisen,
höhlt noch aus die Reste, um den Schrumpfkopf hoch zu preisen,
tot an Worten, mahnen Rätsel fälschlich aus Verpflichtung:
Lyrik lebt den Tod erst aus gesetzlicher Verdichtung.

*(Verliert das Lyrikspiel ein Wort, verbleibt doch Sinn an Geistes Ort,
verliert ein Wort den Sinn im Spiel, dann kürzten Dichter oft zu viel.)*

Liebe

Inhalt (Liebe)

Flurgedanken

Es ist still, dein blauer Mantel
hängt allein in seiner Nische,
gern umarmte ich sein Wesen,
dessen Duft ich ewig rieche.

Es ist still, und deine Schuhe
steh'n in Anmut vor dem Spiegel,
wie du standst vor mir im Frühling,
als ich schenkte dir das Siegel.

Es ist still, und deine Mütze
liegt mit einem Haar geborgen,
schlafend in den Schal gebettet,
wie dein Kopf in mir am Morgen.

Es ist still, und zarte Finger
deiner Handschuh' lassen ahnen,
welche Zärtlichkeit des Streichelns
zog in Liebe ihre Bahnen.

Es ist still in Flurgedanken,
und ich freue mich zu wissen,
gleich trittst du aus deinem Zimmer,
dann darf ich dich wieder küssen.

*(Ein stiller Flur im Haus, ist ein Tor zur Reflexion über das Leben
vor dem Gehen und nach dem Kommen.)*

Fest besinnt

Im Garten traf ich dich allein,
vor Zeiten war der Baum noch klein,
sein zarter Trieb im Mondenschein
als Bild von jungen Liebelei'n.

In Jahren wuchs er stark heran,
wir fühlten uns im Sturm und Drang
und dachten nicht im Traum daran,
dass er in Wettern brechen kann.

Die Jahreszeiten prägen arg,
ein neuer Ast, ein Kind macht stark,
der Sommer stärkt das Frühlingsmark,
im Herbst oft schwach, im Winter karg.

Die Ringe zogen ihren Kreis,
vom Ungestüm zum sachten Greis,
am Anfang war die Liebe heiß,
der Baum ward alt, das Leben weis'.

So sicher wie der Stamm im Wind,
das graue Haar sich fest besinnt,
im Glauben an das inn're Kind
zeigt Liebe, was wir wirklich sind.

Weite Liebe

Küsse, die der Wind entführt,
haben mich so oft berührt,
fühlte in der lauen Luft
deinen Atem, der mich ruft.

Seichte Wellen zwitschern leis',
geben ein Geständnis preis,
das dein Fuß ins Wasser malt,
Herzenswoge trifft mich bald.

Wolkenpost vom Meer geschickt,
hab dein Antlitz dort erblickt,
zieht vorüber, nicht vorbei,
Seufzer gibt es nicht mehr frei.

Gischt im Sand verstreicht die Zeit,
Gegenüber ist so weit,
wo die Sonne untergeht,
abends deine Liebe fleht.

Flammenmeer

Diskussionen ohne Ende
spielten uns an unsre Wände,
und die Worte, die wir hatten,
schlugen tot das Licht mit Schatten.

Einst ein Flammenmeer aus Kerzen,
Wohnung von verliebten Herzen,
bald sich zum Inferno schürte,
als es uns nicht mehr berührte.

Doch anstatt im Licht zu brennen
und das Lodern zu erkennen,
um zu seh'n das Flackern wieder,
walzten wir die Flammen nieder.

Kalt geschwiegen totes Feuer,
Rauch aus Hass verhüllt Gemäuer,
ein Zuhause zweier Seelen,
die sich durch die Asche quälen.

Hätten wir es brennen lassen,
wär' verglüht bald unser Hassen,
könnten neue Flammen schüren,
oder finden Ausgangstüren.

Der erste Kuss

Im Lachen still es werden mag,
und Ausgelassenheit verstreicht,
der Schmetterlinge Flügelschlag
der Ewigkeit des Zeitpunkts weicht.

Fast ernsthaft schon vergisst der Blick
die Oberflächensympathie,
und Mundwinkel zieh'n sich zurück,
dem Anschein nach, da denken sie.

Doch nur Besinnung im Gefühl
lässt sie verharren im Moment,
bis dann aufs neu' das Mienenspiel
sich selbst im andern wieder kennt.

Ein Lächeln schwebt von Mund zu Mund,
nicht mehr so albern wie zuvor,
die Augen leuchten Wahrheit kund,
die sich noch eben scheu verlor.

Es zieht das Spiegelbild sich an,
sich langsam aus der Starre rührt,
was einst so turbulent begann,
gewagt zum stillen Kuss verführt.

So oder so

In Hitze gewählt,
im Sommer verliebt,
in Nebeln vermählt,
im Tau man sich gibt,
im Regen gestählt,
im Sturm sich bekriegt,
im Schnee nicht verprellt,
im Winter besiegt.

* * *

Hassliebe

Der letzte Kuss war wie ein Sterben,
vergoren seine süße Frucht,
sein totes Fleisch zeigt mir Verderben,
das unsre Leidenschaft verflucht.

Die Schmetterlinge sind verflogen,
weil sie das Gift der Spinne fraß,
ihr Netz hat Sicherheit gelogen,
die Fäden fein gewebt aus Hass.

Die Liebe, die darin gefangen,
nur ein Kokon aus Leibeslust,
doch bald schon fad und abgehangen,
nach dem Verzehr erfolgt der Frust.

Ich reiße die Gespinste nieder,
zu retten, was noch übrig ist,
zu Puppen werden Raupen wieder,
ihr Flügelschlag dich bald vergisst.

Liebe durch den Tag

Scheu am Morgen unsrer Liebe
Lächeln einer jungen Sonne,
diese schenkt uns Stunden später
Gänsehaut und Herzenswonne.

Zur Verlässlichkeit des Tages
wird sie schon am Mittag reifen,
und auf Dauer kann sie halten,
wenn wir ihren Wert begreifen.

Oft kommt schneller als erwartet
Nachmittags ein leichter Schimmer,
droht durch Wolken einer Stimmung,
trübt vielleicht, doch nicht für immer.

Abends fangen wir die Lichter,
die wir trafen auf der Reise,
und sie leiten uns durchs Dunkel,
wenn wir schlafen ein ganz leise.

* * *

Liebesschein

Liebe, ausgedacht,
ist die Liebe zu sich selbst,
die nicht Liebe kennt.

In Leidenschaft vergossen

In die Leidenschaft vergossen,
aus dem See der Liebelei,
aus der Ruhe stillen Wassers
rief die Tiefe mich herbei.

War umschlossen von den Höhen,
die mich fingen und beschützten,
wollte mich in Nischen schmiegen,
die mein Fließen kalt nur stützten.

Glaubte, Schmeicheln rauer Steine
würde schmelzen uns für immer,
doch die Härte deiner Wände
machte meine Ohnmacht schlimmer.

Meinen Willen, zu zerfließen,
um dich weiter zu umhegen,
hat die Starre bald getötet,
konnte mich nicht mehr bewegen.

Doch das Tal der Liebestrauer
flieht mein Geist in hellen Schwaden,
bin ich deiner Schlucht entkommen,
wirst du mir nie wieder schaden.

Vorbeigeliebt

Schmerzen schneidet deine Liebe
im Geständnis einer Träne
in das Schmachten meines Herzens;
ich für meine mich nun schäme.

Wort für Wort, verliebt entfaltet
sich in Wallung von Gefühlen
leidend Leidenschaftsgeständnis;
kann nicht Sehnsucht aus mir spülen.

Lang erhofft den Seelenfrieden
durch die Seelenoffenbarung,
doch sie gibt den falschen Süchten
brennend ihre Eifernahrung.

Denn Verlockung deiner Lippen,
welche großes Glück versprechen,
flieht vorbei an meinem Herzen,
wird es dadurch liebend brechen.

Mittendrin

Bin umgeben von viel Leben,
setz mich nieder – Menschenlieder,
seh' Gesichter – Augenlichter,
kurzes Blinken, dann Versinken.

Blicke schweifen, Träume reifen,
bin versunken – Kuchen tunken,
auf und nieder – Augen wieder,
bleiben stehen, dich gesehen.

Strang verlieren, zu sinnieren,
kann nicht lassen, Blick zu fassen,
Welt verschwindet – Lächeln bindet,
was ich denke, ich dir schenke.

Möchte fragen – Kloß im Magen,
spüre Hemmung durch die Trennung,
meine Stimmung schickt Besinnung,
du bist klüger – kommst herüber.

*(Blicke, die ins Leere springen, treffen hier und da ein Licht, wenn es
sich im Spiegel findet, hat es uns erwischt.)*

Amors Pfeil

Zielgenau im Hinterhalt,
doch vom Opfer unentdeckt,
macht sich Amor einen Spaß,
der den Ernst des Lebens neckt.

Konzentriert sich auf den Schuss,
den sein Pfeil erleben wird,
denn das Schicksal zielt genau,
was passiert, ist nicht verirrt.

Sehne sich in Lust entspannt,
Herzblut aus dem Blattschuss rinnt,
zweifach hat der Pfeil durchbohrt
Herzen, die getroffen sind.

Und vom Schützen keine Spur,
als sie winden sich verzückt,
hoffnungslos dem Glück geweiht,
scheinen ihrer Welt entrückt.

Ach, was gäbe ich darum,
seines Bogens Ziel zu sein,
träfe er mein kaltes Herz,
wär' es warm nicht lang allein.

Um uns geschehen

Wenn in frühlingshafter Luft,
voll von Flieder und Jasmin,
mich versucht ein neuer Duft,
kann ich mich ihm nicht entzieh'n.

Blütengleich die zarte Haut,
die verströmt, was mich verzehrt,
noch zu küssen nicht getraut,
was ein Seufzer längst begehrt.

Eines Hauptes Strähne fließt
lockend über meinen Mund,
sie dabei von Lippen liest,
was ein Wort tut selten kund.

Schmieg mein Antlitz in den Traum,
der mich einlädt, zu vergeh'n,
fühle viel, verstehe kaum,
,s ist um dich und mich gescheh'n.

Wind der Lust

Zu früh verstarb der Wind der Lust,
die sich ergab als Launenspiel,
das Missverständnis war bewusst,
und doch versprach es mir soviel.

Nicht du, nicht ich, nur unser Fleisch
vergoss den Duft, gepaart mit Nacht,
der Mond log auch und war nur bleich,
Romantik, die mit Kälte lacht.

Das Bad, ein Ciao, ein Hall im Flur,
durchs Fenster flieht des Duftes Rest,
die Einsamkeit ist eine Spur,
die Liebschaft und nicht Liebe fräst.

Ungeboren

An dein Ohr dringt Herzenslust,
Atem wiegt dein müdes Haupt,
liegt geborgen auf der Brust,
die ein Schmiegen sich erlaubt.

Meine Hand auf deinem Bauch,
fühlt die Antwort, die du gibst,
streichelt Gruß der Liebe auch
darauf, was du jetzt schon liebst.

Was sich hebt und senkt in Ruh,
ist nicht lange mehr zu zweit,
bald schon kommt etwas hinzu,
das uns aus dem Wunsch befreit.

Der Moment im Unverstand
zeigt, wie wir im Innern sind,
lass uns schenken dieses Pfand
unserm ungebor'nen Kind.

Geschichten

Inhalt (Geschichten)

Barden

Sie verschaffen uns die Freuden,
auch wenn sie oft selber leiden,
ihre Zunft kam angekrochen,
heute wirkt sie hochgestochen.

Doch schon damals wie auch heute,
da erkannten schlaue Leute,
dass den Wert der Bardenkünste,
besser man auf Barden münzte.

Also werden hochgehalten
eh und je Kaschiergestalten,
neu erfunden und verschlissen,
alt entdeckt, neu angepriesen.

Was sie können, steht in Ehren,
was sie sind, soll uns erklären,
das, was man aus ihnen machte
und uns um das Leben brachte.

Denn in Wertigkeit gesprochen,
hat die Logik hier gebrochen,
warum sind die Starquerelen
mehr wert als verdummte Seelen?

Da die einen sich nicht wehren,
weil sie von dem Luxus zehren,
den die anderen bezahlen,
kann die Welt mit Lügen prahlen.

Weder diese noch auch jene
ahnen meist, dass das Gescheh'ne
selten ist aus sich geboren,
vielmehr klügstens ausgegoren.

Der Zopf

Ein Zwerg - verzaubert - zwirbelt sich
in seinem Bart gar fürchterlich
den Gram der Welt zu einem Zopf,
hängt unterm und nicht hinterm Kopf.

Auf seinem Weg durch seine Stadt
der Zopf an Charme verloren hat,
das Wort aus Missgunst und aus Hass
den Duft des Schönen langsam fraß.

So schmutzverzaubert wird ein Feind
aus dem, was früher war ein Freund,
denn schnell verteilt sich der Geruch,
und jeder denkt: Beim Nachbarn such!

Dass jener Zwerg ist schuld daran,
dass niemand wen noch leiden kann,
auf die Idee da kommt man nicht,
weil keiner weiß, dass der so riecht.

Ihn zu entzaubern, braucht es Mut,
denn Zwergen man nichts Böses tut,
mal viel zu kurz, um arg zu sein,
mal falsches Lächeln trügt der Schein.

Erst wenn man es von selbst versteht,
ein Stinksack hinterm Grinsen geht,
dann traut man sich vielleicht ein Stück
und stutzt das Ärgernis zurück.

Mauern

Mauer fällt in jene Köpfe
derer, die daran geglaubt,
dass sie selber sie zerstören,
weil sie ihnen Freiheit raubt.

Wissen nicht, dass sie nur dürfen,
was man ihnen hat erlaubt,
doch die Gönner alter Tage
sind bist heute nicht entstaubt.

Was gewuchert ist, soll weichen,
weil die Wucherer versteh'n,
sich in ausgelaugten Hirnen
an der Neulust zu vergeh'n.

Lügen blüh'n in alten Lasten,
unverbunden, was sie seh'n,
und mit jeder neuen Wahrheit
hört man sie nach Damals fleh'n.

(Nicht das Volk reißt ein die Mauer,
sondern meistens die Erbauer,
wenn es lohnt für ihre Ziele,
dass die Mauer besser fiele.)

Meine Musen

Meine Muse sind die Lieder,
die der Geist der Zeiten singt,
neue Strophen immer wieder,
jede nicht harmonisch klingt.

Meine Muse sind die Schinder,
die erschlagen mit dem Geld
und die leidgeprüften Kinder,
die vergessen hat die Welt.

Meine Muse sind die Frauen,
die mit Weiblichkeit geschmückt,
nicht mit Stärke um sich hauen,
nicht in Demut geh'n gebückt.

Meine Muse sind die Männer,
die auch weinen, wenn es passt
und der wahre Frauenkenner,
der der Frau nicht fällt zur Last.

Meine Muse sind die Menschen
und ihr kleines Ich am Rand,
dass am großen Ego scheitert,
welches hat die Welt verbrannt.

Meine Muse ist der Seufzer
und das Lachen im Moment,
meine Muse sind die Tränen,
die aus Freud und Leid man kennt.

Schön zu machen

Schön zu machen, sind wir da,
es wird gewischt,
getan die Pflicht,
viel aufgetischt,
hohl im Gesicht.

Schön zu machen, sind wir da,
es läuft die Zeit,
die uns entzweit,
doch nicht befreit
aus Triebsamkeit.

Schön zu machen, sind wir da,
es rollt das Geld
durch unsre Welt,
die nicht zerfällt,
weil es sie hält.

Schön zu machen, sind wir da,
so schenken wir
- du dir, ich mir -
dem Glauben Gier,
wir wären wir.

Schön gemacht sind wir so da,
uns hingesetzt,
Genuss vergrätzt,
der sich verletzt,
am Geist, der hetzt.

Seid gewarnt

Kampfesduft schwelt über Felder,
deren Wunden offen sind,
junges Grün vernarbt die Leichen,
und ihr Lied klingt noch im Wind.

Gönnerhaft schenkt Sieg den Frieden,
doch die Toten bleiben wach,
sind gestorben, nicht verblichen,
flüstern ihren Erben nach.

Seid gewarnt, ihr Siegeskünstler,
suhlt euch nicht zu sehr in Freud'
denn der Schmutz, auf dem ihr wandelt,
man euch sonst ins Auge streut.

(Besiegte, die in Frieden leben, oftmals nicht nach Ruhe streben.)

* * *

Zecken

Selten zahlen Zecken Zechen,
dreistes Fordern nach dem Saft,
wer sich unbedacht will rächen,
sich nur länger Leiden schafft.

Zecken zanken zarte Häute,
doch die Hornhaut juckt es nicht,
wenn der Sauger fetter Beute
sich an ihr den Rüssel bricht.

Neue Zeit

Kalt erwacht zum Leben
neue Zeit und neuer Takt,
Herz befolgt den Rhythmus,
der uns Menschen mit ihm plagt.

Zeit verläuft natürlich,
und natürlich war das Maß,
dieses hat erfunden
einst der Mensch, der sie besaß.

Werke, fein mechanisch,
so genau wie der Verstand,
als wir ihn verloren,
ist die Zeit davongerannt.

Denn die Kunst, zu messen,
war die Kunst der Menschlichkeit,
doch von nun an weisen
die Atome uns die Zeit.

Die Mücke

Die Hitze schenkt dem Schlaf nur Hohn
in Dunkelheit der Sommernacht,
geschwitzter Schreck durch diesen Ton
der Mücke, die mich rasend macht.

Ein süßes, blutverliebtes Lied
summt mir ums Ohr, mal nah, mal fern,
solang es singt, meist nichts geschieht,
verstummt, hat's mich zum Fressen gern.

Verkrampftes Lauschen klebt an mir,
das Herz in meinem Kopfe pocht,
die Wut wird groß auf dieses Tier,
mein Bett im Schweiße überkocht.

Noch einmal warte ich gebannt,
die Strophen klingen immer gleich,
mal fort, dann wieder her gerannt,
ich hole aus zu einem Streich.

Die Wange schmerzt, doch es ist Ruh,
erschöpftes Dämmern folgt dem Schlag,
vom Fenster winkt mir Kühle zu,
ein Lied sie leis' erhitzen mag.

Getroffen hab ich also nicht,
ich resümier, die Nacht fast rum,
gelitten hat nur mein Gesicht,
da wird's vorübergehend stumm.

Ganz langsam tastet meine Hand
zum Schalter, der Erleuchtung bringt,
da sitzt das Übel an der Wand,
das wartend schweigt und nicht mehr singt.

Der Schatten, den es wirft ist stolz,
auf hohen Beinen harrt es da,
die letzte Chance, ich denk ‚Gut Holz',
ein roter Fleck, was Grauen war.

Charakter

Diese Freiheit nimmt er sich,
macht letztendlich, was er will,
frei und selbstbestimmerisch,
noch bestimmt nur er sein Ziel.

Faust geschlagen auf den Tisch,
setzt er seine Worte frei,
euch versetzt es einen Stich,
den Charakter schlägt's entzwei.

Oftmals scheint ein großer Streich,
wolkig zu beweisen Kraft,
wird der Dunst dann wieder bleich,
schafft ihn das, was er nicht schafft.

* * *

Wirtschaftsgastritis

Gevöllter Einkaufswagenschwall,
der Anus des Konsums verstopft,
kassierte Peristaltik stöhnt,
aus Portemonnaies Gelddurchfall tropft.

Die Ballaststoffe unverdaut,
im Wochenrhythmus abgeführt,
der Rausch, gebläht und nimmersatt,
die Ausgewogenheit verliert.

Wenn Hunger nur Verlangen ist,
Notwendigkeit wird Überdruss,
der Übelkeit des Wirtschaftsbauchs
folgt kommerzieller Darmverschluss.

Mustermann

Durch beschrankte Wände geistert
ein beschränkter Ordnungshüter,
Blumen an der Wand verkleistert,
dort ist Mustermann Gebieter.

Feinripp ist die Freiheit zwischen
Spanverholzung, die ihn adelt
und der Dienstmagd, die muss wischen,
während er den Abschaum tadelt.

Aus Gebot der Deutschen Reinheit
ist sein Zepter kalt geschmiedet,
an der Brüstung seiner Einheit
wird die Nachbarschaft entfriedet.

Denn gewohnt ist kleine Kriege,
der die großen nicht verhindert,
Hinterhof- und Spielplatzsiege
haben schweres Leid gelindert.

Dichterhain

Bequengelt aus dem Sitz gejagt,
der Filius gelangweilt schaut,
ach hätt' ich ihm doch nicht gesagt,
dass einer einen Spielplatz baut.

Der lange Atem hat gesiegt,
ich schnappe Luft und geb' klein bei,
was mir im Sessel geistig liegt,
setzt draußen auch Ideen frei.

Das Kind am Arm, den Stift im Hemd,
gesagt, getan, wir ziehen los,
das Eifern neben Seufzern rennt,
mein Gott, der Platz ist ziemlich groß.

Die Bänke voll, die Schaukeln auch,
er findet einen Platz, ich nicht,
man rückt zusammen und viel Rauch
der andern Mütter im Gesicht.

Die Höflichkeit vergeht im Schwall,
ein Blick ins Spieleparadies,
Zufriedenheit kreischt überall,
die mich zunächst zufrieden ließ.

Den Stift gezückt, noch nicht gedacht,
die Frage meiner Nachbarin
hat meinem Werk nicht viel gebracht,
sie scheint sich nur ums Kind zu dreh'n.

...

…

Belächelt fahre ich dann fort
und hebe an zum Denkerstreich,
ein Rufen aus dem wilden Ort,
Moment, mein Sohn, ich komme gleich.

Zurückgekehrt zum Elternland,
der Platz von eben ist belegt,
ich lehne an der Kletterwand,
vielleicht sich hier mein Geist erregt.

Ein Schlag von Gummi im Gesicht,
‚Entschuldigung' ein Unwort hier,
der Ball traf mitten im Gedicht,
zuhause würde ich zum Tier.

Ich wünsche mich nunmehr dorthin,
um mir zu machen meinen Reim,
dem Sohn fließt Lachen übers Kinn,
ein Spielplatz ist kein Dichterhain.

Der Wettertroll

Die Stimmung sinkt erwartungsvoll,
am Himmel winkt der Wettertroll.

Er quält gedrückt als Plagegeist,
was nicht beglückt die Menschen meist.

Er hält sie hitzig, schwülend hin,
sie seh'n ihn schwitzig fühlend zieh'n.

Der Bursche zankt mit Wolkenschmus,
was lange wankt, letztendlich muss.

Ein erstes Grollen aus dem Kopf,
der Troll will trollen, dann macht's ‚tropf'.

Und so entlässt er donnerhaft,
was uns durchnässt und Frieden schafft.

Doch manchmal spielt er einen Streich,
wer's Wetter fühlt, der weiß es gleich.

Dann macht er sich nur einen Spaß,
ein Grummeln lediglich, das war's.

Blicke im Asphalt

Blicke steinigen Asphalt,
den dein Herz betreten hat,
Greisenaugen lassen kalt
früh verdorrte Kindessaat.

Zukunft überschritten längst,
Gegenwart ist unbekannt,
dort, wo du dir Freiheit fängst,
ist Vergangenheit verbrannt.

Bist noch nicht einmal zu Gast,
wo dein Stolz zu Hause ist,
auf der Straße, die dich hasst
und dein Herz allmählich frisst.

Niemand hat dir was geschenkt,
nur versagt die Schuldigkeit,
die an Menschenwürde denkt
und dich nicht von ihr befreit.

Wenn du reservierst ein Stück
deines Fleisches, das dich trägt,
ist dein Ich ein kleines Glück,
das dir eine Brücke schlägt.

Apollos Flagge

Eine Flagge, die nicht weht,
stumm in Atemlosigkeit,
zeigt, worum die Welt sich dreht,
Hunger ist ein Erdenleid.

Menschheit, die zum Mond geschreckt,
Hysterie der Illusion,
doch was wirklich in ihr steckt,
fehlt im Portemonnaie als Lohn.

Forscher beten sie nun an
für ein bodenloses Fass,
glauben selber nicht daran,
dass es bringt der Armut Spaß.

Schießen hoch, um nachzuseh'n,
ob die Freiheit dort noch weilt,
alles andre bleibt dann steh'n,
weil die Sache wirklich eilt.

(Was kann wichtiger sein, als den Hunger eines Kindes zu stillen, um den Schmerz der Unschuld zu lindern?)

Spiel der Zeit

Die Freiheit, die gefangen hält
den Wohlstand ihrer kleinen Welt,
was Sack und Leinen einst verehrt,
hat lang verloren seinen Wert.

Ein Ideal aus alter Zeit
hat Kämpfer nie aus ihr befreit,
der Werte Mantel deckt fein zu,
was man darunter ehrt in Ruh'.

Die Kinder, schlau und frei im Zwang,
sie glaubten ihnen viel zu lang,
verlor'ne Zeit die Zukunft frisst,
wer Gutes will, wird Lobbyist.

Die Jungen haben eine Chance,
zurückzufinden zur Balance,
sie schreien auf die Greisen ein,
die Wasser lobend trinken Wein.

Nicht neue Freiheit suchen sie,
denn schon die alte nicht gedieh,
wer Werte wirklich schaffen will,
verkauft Vernunft nicht an ein Spiel.

Auf der Pirsch

Es geht ein Jäger auf die Pirsch,
er jagt nicht Wildschwein, jagt nicht Hirsch,
jagt nicht aus Liebe, nicht aus Hass,
die Gunst des Freiwilds macht ihm Spaß.

Der Stümper schießt mit Munition,
die Wollust heißt, nicht Emotion,
der Kavalier macht Willenlos,
schreibt Amor auf den Pfeil ganz groß.

Der Zauber solchen Projektils
erzeugt den Rausch des Liebesspiels,
ob Stümper oder Kavalier,
den Guten Glauben fängt Plaisier.

Erlegtes wird bald abgelegt,
man sich erneut zur Jagd bewegt,
doch selten drüber nachgedacht,
wer tot geglaubt, manchmal erwacht.

Das Wissen um des Jägers Not
ist oft des Schwerenöters Tod,
wenn man ein Mannweib hat gewarnt,
dass sich als Schmusekatze tarnt.

Der Keim

Ich kann es ja versteh'n,
du kannst es nicht mehr seh'n,
das Leben, das du lebst,
der Dreck, an dem du klebst.

Du schaust mich fragend an,
ob ich dir helfen kann,
ich schenk dir einen Keim,
macht satt und baut ein Heim.

Doch hegen musst du ihn,
um seine Frucht zu sehn,
das Feiern nur verzehrt
die Kraft, die er begehrt.

Dein Blick ist nicht entzückt,
das ist ein Schuh, der drückt,
viel mehr noch als der Dreck,
versetzt den Keim - gehst weg.

(Hilfe hilft dem Faulen, sich die Helfer zu vergraulen)

Neuer Stern

Stern, geboren aus der Masse,
hat zwar Leuchtkraft, doch nicht Klasse,
und den Weg zum großen Scheinen
selten nur verlegt mit Steinen.

Denn die Macher solcher Sachen
wissen wohl, wie sie das machen,
Emotionen kann man spielen
und daraus Gewinn erzielen.

Auf gestelzten Zehenspitzen
kann ein nettes Stimmchen sitzen,
welches gestern klebte leise
flach besohlt auf Waren Preise.

Ja, da durfte man es fragen,
heute mag es nichts mehr sagen,
denn Gesang auf hohen Schuhen
lässt die nied'ren Freunde ruhen.

Ist das Leuchten erst vergangen
und ein neuer Stern gefangen,
lässt die Welt den alten ziehen,
dorthin, wo er einst gediehen.

Pumpsbestücktes Stimmenwunder
geht im Turnschuh wieder unter,
welch ein Glück, wenn nicht vergaßen
die, die man hat sitzen lassen.

Heute im Baumarkt

Sie warten an der Kasse,
haben nur ein Teil zu zahlen,
die Schlange zählt drei Schafe,
vier Verkäufer ohne Qualen.

Der eine ist am denken
und der andre am sortieren,
die zwei, vertieft am Bildschirm,
können auch jetzt nicht kassieren.

Die Schafe warten stierend,
keiner will den andern fragen,
wenn Blicke sich kurz treffen,
traut sich niemand, was zu sagen.

Das Schaf ganz vorn ist anders,
und nach langen Frustminuten
entspringt aus schrägen Winkeln:
„Das ist mir nicht zuzumuten!"

Erschrocken schauen jene,
die die Peinlichkeit errötet,
sie wollen den nicht kennen,
der das Schweigen einfach tötet.

Der läuft, um zu beenden
dieses Sitzen auf den Kohlen;
die andern freu'n sich heimlich,
dass der Depp wird Hilfe holen.

Er kommt zurück mit jenem,
welcher eben noch am denken,
die Schafe die nichts taten,
ihm verklemmt ein Grinsen schenken.

Kassiert wird schnell beim Ersten,
ohne Lächeln für die Letzten,
dann schließt er seine Kasse,
dumme Blicke der Versetzten.

Der Waidmann

Auf der Lauer liegt das Warten,
auf der Lichtung wächst das Gras,
und das Herz des grünen Mannes
freut sich an des Weidmanns Spaß.

Angespannt und ohne Zittern
starrt er auf den Platz des Spiels,
weil die Gegner ihn nicht ahnen,
sind sie bloß Objekt des Ziels.

Doch sie haben einen Helfer,
den der Zufall meistens schickt,
mal ein Vogel, mal ein Waschbär,
der verhindert, dass es klickt.

Jagt den einen aus dem Felde
und den andern in den Zorn,
dieses Mal hat der verloren,
der die Flinte wirft ins Korn.

Großes Halten

Grün durchwachsen liegt das Stellwerk,
hat einst Abschiedsschmerz verschickt,
Wind der Zeit hat längst verwirbelt
Stürme vieler Wiederseh'n.

Namen, die in Holz getrieben,
sind von damals und die Herzen,
nur von heute sind die Farben
wilder Maler ohne Zwang.

Rostromantisch Schrift und Zeichen
schickt das Gestern uns ins Heute,
können winken aus der Ferne,
nicht erwecken ihre Welt.

Großes Halten ist verkommen
nur zur Durchfahrt über Jahre,
und der Luftzug über Gleise
ist ein Geist, gespielt vom Wind.

Straßenfest

Bunter Duft von Menschenfreude,
Ausgelassenheit im Gang,
Kuchen wandert, Kaffee schlendert,
Pärchen, Kinder, ohne Zwang.

Munter wispern Kleingedanken,
Lachen zwitschert oder bellt,
Wimpel binden die Fassaden,
feiern ihre kleine Welt.

Warmer Boden spürt das Ende,
was im Haar noch ungefühlt,
kritisch färben sich Gesichter,
die der Regen heimwärts spült.

Klirrend flüchten feucht Flanierer,
Stöckel ringt mit Pflasterstein,
spaßgefüllte Wonnewanne
schüttet sich in Häuserreih'n.

Nach dem Guss verbleichen Lieder,
die in lauer Luft verströmt,
Dächer tropfen kühle Stille,
Angst vorm Herbst ist noch verpönt.

Zwerg im Beet

Gärten schmücken kleine Zwerge,
lachen aus dem Blumenberge,
doch das Grinsen ist geschnitten,
liest dem Beet bald die Leviten.

Denn, dass in der bunten Pracht
einer gramversteinert lacht,
widerspiegelt kleinen Geist,
der dem Wildwuchs Grenzen weist.

Also ist das schräge Lachen
nicht gedacht zum Freude machen,
vielmehr soll es uns bewegen,
uns nicht mit ihm anzulegen.

Echte Zwerge haben Norm,
sie bestimmen über Form,
nur zur Tarnung lachen sie,
fröhlich sind sie jedoch nie.

Das Leben ist ein buntes Beet
mit tausenden von ihnen,
die ihr in vielen Gärten seht,
wo Freundlichkeit sie mimen.

(Der Gartenzwerge Freundlichkeit vermittelt kaum im
Nachbarsstreit)

Ganzer Stolz

Der Fraß verhöhnt die Zeit
und hat sich Jahre einverleibt,
weil irgendjemand schreit,
nach etwas Neuem, das ihn treibt.

Vergangen Hof und Heim
im Meer von Splittern und Geröll,
Geschichten und ihr Keim,
für Baumaschinen nur Gewöll'.

Der Wahn der Lust bewegt,
zu bauen, was man hat zerstört,
das Schicksal, lang gehegt,
als Gast der Zeit, bleibt unerhört.

Beton, wo früher Holz,
am Baum ein Herz mit Amors Pfeil,
das Haus war einst ihr Stolz,
der Wohnburg wird Tristesse zuteil.

*(Im Glauben an Beständigkeit baut manches Paar ein Haus, verlässt
es die Lebendigkeit, fall'n ihm die Fenster raus.)*

Wer zuletzt lacht

Zeigefinger vorm Gesicht,
aufgepasst, das gibt es nicht,
wenn ich dich heut mit mir nehm',
bleib nicht immer wieder steh'n.

Nur die kurze Liste hier
führt mich ins Geschäft mit dir,
ohne Einkauf für den Tag
mir heut nichts gelingen mag.

Was gesagt ist, wird getan,
einer glaubt noch nicht daran,
hält mit meiner Hetze Schritt,
nur sein Blick, der läuft nicht mit.

Und der kurze Arm wird lang,
denke nicht einmal daran,
was gesagt ist, bleibt ein Nein,
kann so schwierig doch nicht sein.

Heute bleib ich aber hart,
kleines Stimmchen ist so zart,
doch gewaltig seine Macht,
darauf geb' ich diesmal Acht.

Der Moment Entscheidung bringt,
fragt sich, wer erfolgreich zwingt,
der Erfolg liegt im System,
wer lacht beim Nachhausegeh'n?

Nicht nur einer, das ist klar,
diesmal, wie es immer war,
Lachen ist noch mal so schön,
wenn ich's Kind kann lachen seh'n.

Wochenendblues

Mein Gähnen knackt im Kiefer
und im Spiegel mir entgegen,
die Augen schau'n nicht fröhlich,
dafür etwas schlafverwegen.

Der Muff von alten Kissen
nicht vom Kaffeeduft vertrieben,
nichts ist von gestern Abend,
nur ein leeres Glas geblieben.

Der Sonntag hat den Namen
von Vergangenheit gestohlen,
die Wahrheit, damals Zukunft,
hat schon wieder ‚Jetzt' befohlen.

Die Freude an der Wehmut,
die noch andere verspüren,
bringt mir die neue Woche,
wird mich ins Vergessen führen.

Doch Nacht für Nacht zum Samstag
wächst die Furcht vor meinem Leben,
in Suche nach der Antwort,
Sonntag einen Sinn zu geben.

Kellerkinder

Kellerkinder sind nie einsam,
denn ihr Freund, die Furcht, lebt mit,
müssen sie hinab ins Dunkel,
folgt er treu auf Schritt und Tritt.

Er erzählt von Nachtgeschichten,
die dem Tag ein Grauen sind,
keine Angst, du bist geborgen,
denn ich bleib bei dir, mein Kind.

Eines Tages drohen Partner,
sich zu trennen durch die Zeit,
anhänglich sind Kameraden,
halten Stand dem Widerstreit.

Doch der Freund ist nur ein Spiegel,
der die Wirklichkeit nicht zeigt,
traue dich, ihn zu zerschlagen,
was dahinter liegt, befreit.

*(Schicken sich Feinde aus Kindheitstagen an, in der Jugend Kameraden
zu werden, ist es noch nicht zu spät; erst in der Freundschaft zur Reife
zeigen sie ihre wahre Anhänglichkeit.)*

Stiefel

Marschbereite Stiefel
laufen winkend durch die Straßen,
Sonnenstrahl im Herzen
lässt Gesichter bald verblassen.

Fröhlich wandern Stiefel
durch die Wiesen bunter Lieder,
grüßen Kind und Blumen,
sehen dich sobald nicht wieder.

Mutig klettern Stiefel
über Fels und wilde Pfade,
werden selbst zum Zielpunkt
auf der letzten Zielgerade.

Wild entscheiden Stiefel,
welches Blut ertränkt die Erde,
Schlammprofil vergessen auf der
weiten Leichenherde.

Müde schleppen Stiefel
sich nach Hause zu den Lieben,
leere Straßen fragen,
wo sind unsre nur geblieben?

*(Überdüngt mit Durchhalteparolen wird die Fröhlichkeit, gepflanzt im
Dreck des Krieges, zum Unkraut im Beet des Lebens.)*

Vater alter Tage

Tief vergraben schienen
meine Wurzeln in der Heimat,
nie vergess' ich ihnen,
was die Stadt mir einst verlieh'n hat.

Horizont geborgen
durch die Wälder und die Hügel,
heimisch ist das Morgen,
wenn der Geist hat keine Flügel.

Schlupfloch in die Ferne
reißt den Vorhang auf nach Jahren,
ängstlich und doch gerne
lass ich mich hindurch erfahren.

Wildsein macht Vergessen,
neue Lust scheint zu verdrängen,
was ich einst besessen,
soll nicht länger an mir hängen.

Trügerische Freiheit
weit nach vorne und zur Seite,
bildet keine Einheit
mit dem Ursprungspunkt der Weite.

Jener ließ mich ziehen,
doch ist er es, der auch bindet,
lässt mich niemals fliehen,
weil ich ihn und er mich findet.

Wenn ich nicht ergründe,
was ich täglich neu erfrage,
bleib ich doch das Kinde
eines Vaters alter Tage.

Entscheidung

Nehm' ich dieses oder das,
das da macht noch viel mehr Spaß,
ja, das möcht' ich – oder lass,
denn da seh' ich noch etwas.

Schaue meinen Nachbarn an,
der ist nicht viel besser dran,
eines aber schnell er kann,
wählen und entscheiden dann.

Überlege hin und her,
das von eben gibt's nicht mehr,
Nachbars Platz nicht lange leer,
auch dem nächsten fällt's nicht schwer.

Was ist nun mein Favorit,
neben mir denkt einer mit,
gleich bin ich das nächste quitt,
meinem Denken folgt sein Schritt.

Mir bleibt nunmehr keine Wahl,
doch verbeiß ich mich noch mal,
bis vermindert wird die Zahl,
jemand nahm mir so die Qual.

Alle gehen wieder heim,
ich dem Zaudern auf den Leim,
jeder sagt ‚das ist jetzt mein',
was schon lang könnt' meines sein.

Blumen müssen sterben

Blumen müssen sterben,
wenn geboren wird das Leben,
alle Jahre wieder
werden sie das ihre geben.

Blumen müssen sterben,
um an Festen zu erfreuen,
beides wird vergehen,
Überfluss wird es nicht reuen.

Blumen müssen sterben,
zu besiegeln eine Liebe,
sinnlos immer öfter,
mit und ohne nicht viel bliebe.

Blumen müssen sterben
und dem Tod die Schönheit schenken,
doch nicht ihnen gelten
Wünsche derer, die gedenken.

Blumen sind gestorben
jahrelang als Opfergabe,
und sie sterben weiter
für die Treue auf dem Grabe.

*(… und doch sind sie die bunten Punkte, die so manchen grauen
Perlen den Glanz der Hoffnung verleihen.)*

Bestatten

Sorge quält mich, wer bestattet,
wenn ich einmal nicht mehr bin,
meinen Rest aus alten Lasten,
die nicht wirklich mit mir zieh'n.

Wer verkleidet mich, wer wäscht mich,
macht mich schön und mottet ein,
in die Kiste, gut gepolstert,
muss gesellschaftsfähig sein.

Ach, das kostet, so zu leben,
nach dem Tod, der mir nichts gönnt?
Dann doch ohne Umverpackung,
blast hinfort, was nicht verbrennt.

Wie, das ist noch sehr viel teurer,
heiße Luft von großem Wert?
Wer soll sich daran bereichern,
was den Friedhof nicht beschwert?

Soll ich etwa dafür zahlen,
was euch selbst im Nacken sitzt?
Nun, ihr werdet mich schon betten,
wenn Gestank die Luft erhitzt.

Träumereien

Inhalt (Träumereien)

Loch der Stille

Ein Loch der Stille
im engmaschigen Netz
monotoner Lautmalereien
erlaubt den Symphonien der Natur
die ungespitzten Sinne
schmerzhaft zu entwöhnen.

Sekunden einer Ewigkeit
- der Atem der Sensorik -
durchfluten die erdrückten Lungen
der Empfindung,
bevor das Garn des Kerosins
aufs Neu
den bunten Fehler
aus dem Fluss der Zeit vernäht.

* * *

Morgenblank

Morgenblank verstreicht,
Mittagsschleier grauen ein,
stirbt zur Nacht im Schwarz.

Zirpende Felder

Zirpende Felder
um leblose Kreuze
mit wahllosen Ampeln
vergangener Flüsse.

Glut des Asphaltes
entlässt sich im Winde
der Röte des Abends
zu ländlicher Süße.

Einsame Biere
um ranzige Fette
aus wärmlichen Blasen
sind rastliche Grüße.

Städtische Ferne,
Gefährte des Tages,
im Schwall des Verstreichens,
zieht nächtliche Schlüsse.

Schlecht erwacht

Bin schlecht erwacht,
hab gleich gedacht,
Verdruss gebracht,
mich rar gemacht.

Musik gehört,
hat mich betört,
durch Klang gerührt,
in mich gekehrt.

Vom Tag durchströmt,
Distanz gewöhnt,
vom Glück verhöhnt,
mit mir versöhnt.

Zurück geschaut,
was war, ergraut,
was kommt, verbaut,
mir längst vertraut.

Des Dichters Los

Ein Traum der Poesie beginnt,
wenn Worte fließen aus der Hand,
Bedeutung nicht die Welt gewinnt,
jedoch des Schöpfergeistes Land.

So sprich dein Herz im Vers hinfort,
auf dass du lebest deinen Traum,
der Dichter lebt in seinem Wort,
auch wenn es ihn ernähret kaum.

* * *

Sieben und ein Tag

Am ersten Tag war die Idee,
ich heute manches anders seh'.

Am zweiten Tag erschuf ich dann
das All und hing die Sterne dran.

Den Sonnenwind am dritten Tag,
das Mobile sich drehen mag.

Am Tage vier hab ich verziert,
den Blauen, der sich sonst verliert.

Am fünften fällt er wieder auf,
verändert seinen Farbverlauf.

Zum sechsten Tag nicht schön, zu sehn,
er scheint, aus seiner Form zu geh'n.

Bevor der siebte ist vollbracht,
er mit dem Rest vom Himmel kracht.

Am achten ist es gänzlich still,
noch mal ich's nicht versuchen will.

Retrospektiv

Fahler Himmel lässt mich fragen
nach dem Bild aus alten Tagen,
als das Blau nur Wolken schmückten,
einzig Vögel Luft beglückten.

Wende ab den Blick zum Felde,
echt und nicht nur im Gemälde,
wo die Kinder lachend spielen,
und noch leben, was sie fühlen.

Schaue durch die kleine Gasse,
scheucht nicht Menschen von der Straße,
Pferdehufe langsam traben,
keine Räder Riefen graben.

Jung und Alt in Häusern schmausen,
nicht allein in Räumen hausen,
lieben sich dort, wo sie sterben,
hinterlassen echte Erben.

Seh' hinein in kleine Welten,
hier die runden Regeln gelten,
halten diese Welt zusammen,
selbst in kriegerischen Flammen.

Find' zurück in meinen Himmel,
Blau wird zu globalem Schimmel,
will nicht über Heute klagen,
nur zum Lernen Gestern fragen.

Hin und zurück

Hin
Verhalten Gähnen im Gesicht,
und Haar, das nach Bananen riecht,
Parfüm in meiner Nase sticht,
die Augen blendet Tageslicht.

Dort
Kaffee aus Zigarettenmund,
Kollege Neuigkeit tut kund,
Kantine bläht den Bauch zu rund,
der neue Schuh macht Ferse wund.

Zurück
Die Tasche hängt am langen Arm,
die Zugbegleitung ohne Charme,
und im Abteil ist es zu warm,
die Brust schlägt ab und zu Alarm.

Hier
Die Ruhe nach dem Warten kommt,
nur zäh mich Müdigkeit belohnt,
ein Bier mir meinen Kopf zerbombt,
vor Morgen bleib ich nicht verschont.

Frühlingstour

Intensives Tauchen
durch die windig weichen Wogen,
die von Süden hauchen,
um die roten Wangen toben.

Fühl' den Tanz der Laute
als die Freiheit in den Ohren,
Rausch der Lichterspiele,
aus Geschwindigkeit geboren.

Dinge, die ich sehe,
sie entschwinden einer Lüge,
dass sie sind und bleiben
monoton im Weltgefüge.

Wahrheit der Bewegung
auf zwei Rädern, die mich treiben,
zeigt dem Geist die Schönheit,
die ihn fordert, frei zu bleiben.

Schärenstimmung

In meiner Schale schlingernd
vergesse ich den Fluss der Zeit.

Mein Blick, vertaumelt in den Wellen,
spiegelt sich im Licht der Stadt.

Im letzten Rot der Dämmerung
verwirbeln Fetzen von Musik.

Der Duft von Schärenwäldern schläft
im Nebelbett aus Elfenflies.

Traumgefährten meiner Sinne
sind Geschichten aus der See.

Klopfen plätschernd an die Planken,
singen mir ein Sehnsuchtslied.

Sommeralptraum

Wogen tragen Sommerwonnen,
Urlaub kreischt die Sandburg heiß,
Körper fleischen durch die Fluten,
niemand nichts vom Fleischwolf weiß.

Ungedanken fröhlich spaßen,
intensive Flüchtigkeit,
Eis und Wasser kühlen Massen,
halten sich zum Mahl bereit.

Grauer Keil kreuzt durch die Stimmung,
die im Taumel weiterschäumt,
noch verspielt er sich im Treiben,
das sich in den Alptraum träumt.

Aus dem Kreischen wird ein Schreien,
und ein Schrei verstirbt im Rot,
alle Träume eines Sommers
schweigt der Herr der Meere tot.

Schicksal

Alles läuft gelenkt im Strom.
Wer es lenkt? Wer weiß das schon.
Nur Gewohnheit macht uns blind,
sehen nicht des Himmels Kind.

Schauen wir genauer hin,
auf das einzelne Gescheh'n,
scheint ein unbemerktes Glück
als Vabanquespiel uns zurück.

Warum kommt der Schritt zu spät,
der nicht in den Tod gerät?
Was hält einen Menschen an,
kurz bevor er weiter kann?

Wer verrutscht den rechten Fuß,
eines Fahrers dort im Bus?
Tritt so nicht aufs Gaspedal,
ungeseh'nes Kind frontal.

Wer vergaß mein Geld zu Haus',
muss zurück, der Herd nicht aus.
Noch ein Anruf hält mich auf;
wer rennt nun in Mörders Lauf?

Manchmal sehe ich so zu.
Warum dieser und nicht du?
Ist das Schicksal eine Macht,
oder frei hervorgebracht?

Gefangen in mir

Du erzähltest mir vom Meer,
sagtest, dass dort Träume leben,
schicktest mir das Nordlicht her,
will ihm meine Sehnsucht geben.

Suchte eine Möglichkeit,
meine Fesseln zu vergessen,
dass die Liebe mich befreit,
die ich habe nie besessen.

Will hinaus, doch kann es nicht,
möchte Nähe, die ich hasse,
Seelenfeind dagegen spricht,
dass ich meinen Turm verlasse.

Finde keinen Sonnenstrahl,
der nicht sticht in meine Leiden,
grauer Himmel schützt vor Qual,
wird mit Wehmut mich bekleiden.

Wolken zieh'n am Firmament,
dort hin, wo ich Ruhe fände,
wo mich nur das Wasser kennt,
strecke zaghaft aus die Hände.

Dieses Zeichen schick' ich dir,
schließ' mit Gestern meinen Frieden,
darf nun endlich fort von hier,
hat das Kind in mir entschieden.

(gewidmet einer unentdeckten Freundin)

Flucht

Rasend fliehen Landschaftsschatten,
Baum für Baum betrügt das Sein,
Nacht, durchflüchtet von Gedanken,
wäscht sich im Vorbeiflug rein.

Mond und Sterne sind Begleiter,
teilen eine Botschaft mit,
weisen mir nur Schicksalswege,
lauf davon, sie halten Schritt.

Ob das Suchen wird zum Reisen,
oder nie von dannen geht,
die Bewegung unter Sternen
zeigt mir, dass die Zeit still steht.

Orte können nicht befreien,
was sich selber trägt umher,
vor dem Rund des Erdenschicksals
rettet nicht das Sternenmeer.

Bach

So vollendet klingen Formeln,
die aus Harmonie gemacht,
logisch scheint der Tanz der Finger,
jeder Anschlag wohl durchdacht.

Was Verstand gewinnt aus Zahlen,
die sich in Beziehung seh'n,
zieht das Ohr aus jenen Folgen,
bloßes Hören wird Versteh'n.

Eine Probe aufs Exempel
bringt den Rechenschritt zurück,
zeigt, dass Gleiches kommt zu Gleichem,
der Beweis folgt Stück für Stück.

Solche rechnerische Reinheit
ahmt auch dieses Können nach,
Harmonie im Vor- und Rücklauf
trägt sehr oft den Namen Bach.

Schlaf des Frühlings

Vom Tag verspielter Frühlingstraum
verweht im lauen Abendrot,
das Blattwerk winkt, ein Gruß im Baum,
am Horizont ein Segelboot.

Aus Wolkenflaum ein müdes Lid
bedeckt den strahlend hellen Blick,
der dämmernd wahrnimmt, was geschieht;
zieht sich ins Bett der See zurück.

Verschlummert säuselt leis' der Sand
im Atemzug der seichten Flut,
schickt Träume aus der Nacht an Land,
wo kühl das Morgengrauen ruht.

Ein Blinzeln schickt die Botschaft aus,
erneut zu schenken einen Tag,
er fragt mit mildem Blick hinaus,
wer sich mit ihm befreunden mag.

Hinterm Vorhang

Dämmerlichter hinterm Vorhang,
tote Räume in Kulissen,
Requisiten sind belanglos,
wenn sie aus dem Traum gerissen.

Masken starren aus Perücken,
Kleider hängen unverkleidet,
Hüte, die den Kopf belebten,
sind charakterausgeweidet.

Leere Stille ohne Worte,
Grab von Frohsinn oder Leiden,
sind vergangen in Geschichten,
die die Phantasie befreiten.

Wieder stirbt Fiktion am Leben,
doch wird bald schon neu erwachen,
schlüpfend ins Gewand der Geister,
Vorhang auf für Leid und Lachen.

Trügerische Nacht

Ewig, sternenlose Nacht,
scheinbar ruht das Leben hier,
doch ein Unhold alter Macht
bringt noch Licht ins Traumrevier.

Aus dem Dunkel taucht er auf,
nur ein Funkeln wie ein Stern,
folgt dem Strom der Dinge Lauf,
sich nur nah und allem fern.

Frisst so manche Lebensform,
die der Blindheit untertan,
hat die Fresssucht nur zur Norm,
Tiefseefisch mit Leuchtorgan.

* * *

Zauberwald

Zauberwald,
du bist so kalt,
und seltsam öffnet sich ein Spalt.

Phantasie
ist Blasphemie,
ein Riss aus Wahrheit tötet sie.

Hehre Welt
nicht mehr erzählt,
was ausgesaugt ins Leere fällt.

(Ohne Phantasie sind Märchen machtlos.)

Eben ein Mensch

Im Augenblick, als ich ihn sah,
so ungeahnt ward er bedacht,
da fällte ich ein Urteil gar,
was ihm ein Kompliment nicht macht.

Er war vorbei, das Bild in mir,
er denkt nur an sein eig'nes Glück,
hat ein Gesicht so wie ein Tier,
ihm fehlt bestimmt vom Geist ein Stück.

Ein Maß zu nehmen, kostet Zeit,
die ich nicht ihm, nur mir entraub',
sein Leben muss wohl sein ein Leid,
wie töricht, dass ich daran glaub.

Was kümmert mich die Theorie
von der Empfindung fremden Seins,
die Normen finde ich doch nie,
von jedem Menschlein gibt's nur eins.

Feen I

Die Feen von heute sind Elfen von gestern
und trauern um Bräute aus fröhlichen Schwestern.

So edel die Prinzen und nobel die Freier,
die Barden, sie spielten zur Trauung die Leier.

Noch immer berichten die Lieder von Tagen,
als magische Kräfte im Elfentau lagen.

Doch der ist vergangen, weil Männer berührten
und Wesen des Zaubers zur Menschlichkeit führten.

Sie waren zur magischen Sanftmut geboren
und haben in Liebe das Sterben beschworen.

So bleiben nur Sprüche der Hoffnung von Schwestern,
zu mildern die Strafe für Dummheit von Gestern

* * *

Feen II

Elfen sind die Töchter,
die die Träume einst verließen,
als die Tage Feen
- ihre Mütter-, nachts verstießen.

Möchtest du sie finden,
träume dich in das Vergessen,
sehen kann nur der sie,
der nicht ist vom Tag besessen.

Fabeltiere

Ein Tier aus Fabel saß im Gras,
alleine ward es alt und blass,
denn niemand las Geschichten mehr
vom Einhorn und von der Chimär'.

Die Einsamkeit verstieß es bald
aus dem bekannten Märchenwald,
doch die Magie verschwand nicht ganz,
bekam nur den modernen Glanz.

Was früher Herzen hat entzückt,
ist heut der Phantasie entrückt,
die dafür Fantasy nun heißt,
ein altes Land modern bereist.

Mit Flut von Wesen aller Art
wird in den Mähren nicht gespart,
sie leben von der Mode Lohn
und stehen nicht in Tradition.

Wie schade, dachte sich das Tier,
ich blieb noch gerne etwas hier,
verstoßen aus der Phantasie,
doch ganz vergessen ist es nie.

Denn ein Verbündeter ist stark,
er trifft den Zeitgeist in das Mark,
die Macht der Zeitenlosigkeit
das Tier aus dem Exil befreit.

Abschiede

Inhalt (Abschiede)

Der letzte Schlag

Im Moment des größten Schmerzes,
unerwartet längst geahnt,
fühle ich den Schlag des Herzes,
welches ich nur kurz gekannt.

Viel zu spät und doch bei Zeiten
schlägt das meine zu dem Lied,
welches dich wird nun begleiten,
dorthin, wo dir nichts geschieht.

Lass uns nicht die Stunden zählen,
wenn der Augenblick nur zählt,
der auf immer soll vermählen,
was nicht trennbar durch die Welt.

Schlage, schlage nur noch einmal,
halt das letzte Pochen fest,
schenk den letzten Schlag der Liebe,
die uns ewig leben lässt.

Stadt zu Füssen

Mein Blick zum Fuße dieser Stadt,
die mir noch nie zu Füßen lag,
ein Traum in Nebeln aus der Flucht,
die Nacht so hell am Sommertag.

Die Ruhe, die nach oben strömt,
verliert im Aufstieg ihren Zorn,
Vergangenheit macht stumm mir vor ,
ich hätte mich an sie verlor'n.

Ein Zwinkern macht den Traum perfekt,
verlegen schweift mein Blick zum Meer,
im Weinglas sich ein Lächeln schmiegt,
was unten war, ist oben leer.

Minuten wandern durch die Nacht,
verzaubern mich für den Moment,
im Aufzug abwärts, aus der Tür,
wo niemand meinen Namen kennt.

*(Gewidmet einer Stadt im hohen Norden,
deren heimeliges Flair mich nie heimisch werden ließ)*

Am Kai

Gewaltig wirft ein Schatten
Unterwerfung auf das Schicksal,
Umschlungenheit, die widerstrebt -
offen ist die Welt am Kai.

Entzweiend locken Weiten,
was in Zweisamkeit versunken,
ein Horn zerschreit die Illusion -
setzt den Lauf der Zukunft frei.

Der Schatten schwindet langsam,
trägt hinfort, was er verschlungen,
entrissen winkt der Arm zum Gruß -
von der Reling und vom Kai.

Niemals geh'n

Sitzt da, verklärt dein letzter Blick,
Erinnerung kommt Stück für Stück,
gefasst wird darum mein Entschluss,
was war, das nicht zu End' sein muss.

Gekleidet warst du immer schön,
verkleidet, was bleich anzuseh'n,
die Schuhe zierten Füße, klein,
sie schmücken weiter dein Gebein.

Das Tuch, verspielt in deinem Haar,
verhüllt Geruch, der sonst nie war,
die Kälte in den Händen sitzt,
von einem Handschuhpaar geschützt.

Nur dein Gesicht sieht mich so an,
als ob es nichts mehr zeigen kann,
so schau zur Wand und nicht zu mir,
ich lass dich nun alleine hier.

Ich dreh mich um, verlass den Raum
und werde manchmal nach dir schau'n,
doch langt es, durch die Tür zu seh'n,
ich weiß ja, du wirst niemals geh'n.

(nach einer wahren, tragisch-makaberen Begebenheit)

Aus dem Leben gejagt

Verjagt, verzagt, doch nicht versagt,
geklagt, gefragt, noch mal vertagt.

Verkracht, gedacht, nur Zeit verbracht,
Entfacht der Schmacht, lang nicht gelacht.

Geweint, verneint, nicht mehr vereint,
gemeint, der Feind im Vorteil seiend.

Gesucht die Flucht, gefunden Sucht,
verflucht, verrucht, nicht gut betucht.

Vergrämt, gelähmt und oft geschämt,
versträhnt, gegähnt, nicht mehr erwähnt.

* * *

Wir gehen gemeinsam

Siehst du dort den Stern am Himmel,
er war gestern noch nicht da,
als wir in die Schwärze blickten,
war die Zukunft lang schon klar.

Schau, er zwinkert uns ein Märchen
von Romantik aus dem All,
wirkt so grell im Schein der andern,
schau doch hin, nur noch einmal.

Glanz in deinen Augen spiegelt
weder Freude noch die Not,
unser Leben in Sekunden,
von Geburt an bis zum Tod.

Karfreitag I

Seht diesen Mann, geehrt, bespuckt,
er trägt das Kreuz des Menschen fort,
sie treten selber sich in Staub,
wer Knechtschaft spürt, der hält nicht Wort.

Die Hände wäscht sich einer rein,
vom Blut, gefordert aus dem Wahn,
er stiert den Schreiern ins Gesicht:
„Ihr wolltet doch die Schuld daran!"

Dass er dort hängt, vom Schmerz verzehrt,
nur wenige im Herz verletzt;
die Meute kriecht vorm Untergang,
dem sie sich selbst hat ausgesetzt.

Die Menschheit ist ein falscher Hund,
der jaulend bangt um täglich Brot,
kriecht erst zu Kreuze vor dem Herrn,
doch hofft auf Glück durch dessen Tod.

* * *

Karfreitag II

Kerze angefacht,
Händefalten in der Nacht,
an den Herrn gedacht.

Der Fährmann

Beendet ist am großen Meer
mein Weg durch Berg und Tal der Zeit,
ein Fährmann fährt dort hin und her,
ich bin zur Überfahrt bereit.

Der Nebel saugt den Schatten auf,
der seine Silhouette zieht,
mein Blick folgt seines Kieles Lauf,
der in die Unsichtbarkeit flieht.

Wer mit ihm fährt, schaut nicht zurück,
er sammelt Wandersleute ein,
und führt sie in ein neues Glück,
doch er kehrt wieder stets allein.

Ich schaue ihm von Abseits zu,
noch ruft er andere zu sich,
gespenstisch lässt er mich in Ruh',
er weiß, was ihn zieht, zieht auch mich.

Ein Lächeln trägt er im Gesicht,
gilt jenem, der zur Fahrt bestimmt,
die Übrigen seh'n dieses nicht,
bis letzter Sand im Glas verrinnt.

Nach kurzer Rast am Uferrand,
les' ich's aus seinen Lippen raus,
er reicht mir helfend seine Hand,
durch Schwaden bringt er mich nach Haus'.

Gute Nacht

Kleiner Teddy, gute Nacht,
weiß nicht, was es mit mir macht,
Papa betet, Mama weint,
draußen noch die Sonne scheint.

Will nicht, was mit mir geschieht,
dass mein Haar vom Kopfe flieht,
wehre dich, sagt leis' ein Mann,
mit dem weißen Kittel an.

Ihre Blicke schauen still,
ahnen, was ich wissen will,
Schwere drückt die Augen zu,
find' ich endlich meine Ruh'?

Schlage sie noch einmal auf,
Dämmerung nimmt ihren Lauf,
mit dem Tag vergeht das Licht,
müdes Lächeln im Gesicht.

Lieber Gott, es kommt zurück,
die, die leiden, schenken Glück,
schlafe gleich schon wieder ein,
wo werd' ich am Morgen sein?

* * *

Kalte Liebe

Schminke zählt das Geld,
kalter Kuss auf alte Stirn,
wenn die jung weint.

Altes Herz

Zögernd wird hinausgeschoben,
was mich jede Nacht befällt,
weil ich weiß, dass diese Reise
heute Abend rückwärts zählt.

Seit Jahrzehnten sag ich ‚Morgen’,
und ‚bestimmt’ seit einem Jahr,
‚wenn Gott will’ seit ein paar Wochen,
doch seit Tagen ist nichts klar.

Morsche Knochen kaum noch tragen,
die Erinnerungen schwer,
nur die Liebe meiner Lieben
macht mein altes Herz nicht leer.

Seltsam rührt mich der Gedanke,
nicht zu wissen, was geschieht,
dieser Schlaf geht nie zu Ende,
wer singt mir ein Abschiedslied?

Flaschenpost

Geh' auf Reisen, mich verlassend,
nur als Splitter von Gedanken,
schwarz auf weiß mit mir befassend,
will durchbrechen alle Schranken.

Stoß mich ab von alten Tagen,
werfe weit mein Boot in Fluten,
blicke nach verfassten Fragen,
kann die Antwort kaum vermuten.

Lange taumle ich in Strömen,
Spielball zwischen Wind und Riffen,
Meeresweite will verhöhnen,
fürchte Kiel von großen Schiffen.

Meine Hoffnung liegt im Funkeln
seichter Wellen, die mich fangen,
noch liegt jenes Ziel im Dunkeln,
zwingt mich, dorthin zu gelangen.

Eine Hand ergreift am Wasser
meinen Geist, in Glas geborgen,
wird bald selber zum Verfasser,
schickt auf Reisen sich schon morgen.

Schweren Herzens

Mein Herz macht es dem deinen schwer,
im Flehen vom Orkan gepeitscht;
im Wirbel der Erinnerung
ein Hoffnungsschiff im Tränenmeer.

Es kann nicht halten, was zerstört,
der Schicksalswind treibt's weit hinaus;
in Brisen trauert es hinfort,
der Sturm es ins Verderben führt.

Ums Wohl bemüht in deinem Leid,
wähl ich den Wind – verbann den Sturm,
Erinnerung aus beidem lebt,
doch nur der Wind ist's, der befreit.

Am Horizont ein kleines Licht
nach einer Zeit der stillen See,
ein Gruß des Dankes für den Wind,
er flüstert: ich vergess' dich nicht.

Englisch-Deutsche Lyrik

Die Gedichte auf den folgenden Seiten
wurden zunächst in englischer oder deutscher Sprache
abgefasst und später übertragen.

Auf der linken Seite befindet sich der jeweilige
englische Text und auf der rechten seine
deutsche Entsprechung, welche nicht zwangsläufig immer
eine Eins-zu-Eins-Übersetzung darstellt.

Inhalt

Tender touch

Candle-light is flickering,
deepest mirror in your eyes,
only flames are telling stories,
never ending darkness cries.

Silence in your face is waiting,
lips of smoothness start to quiver,
countenance is just a liar,
down your cheeks - a running river.

Maybe I can't be your healer,
hoping that my hand is calming,
yet, a tender touch of fingers
makes the look of your face charming.

Zarte Berührung

Flamme einer Kerze
spiegelt sich im Schwarz der Augen,
schreien mir entgegen,
sich dem Dunkeln zu entrauben.

Stille ziert dein Antlitz,
weiche Lippen sich erbeben,
Fassung ist ein Lügner,
Strom hinab beginnt zu leben.

Kann vielleicht nicht heilen,
doch die Hand den Schmerz vertreiben,
Fingerstrich auf Wange,
und die Schönheit wird dir bleiben.

Better life

A waste of happy days,
no second chance on all our ways,
the senseless spirit disappears,
and laughter fades to bitter tears.

The storyteller lies,
and truth of mankind only cries,
betrayed by tales of better life,
a dream that is about to rive.

Besseres Leben

Verschwendung schöner Tage,
die Chance vergeben, keine Frage;
Sinnentleerte Geister,
die Tränen sind des Lachens Meister.

Märchenschreiber lügen,
wer Wahrheit ruft, der wird betrügen;
Besser wird das Leben -
ein Traum, dabei, sich aufzugeben.

Child's tradition

Tranquillity is childhood's need,
but this is just a theory,
a child that stands on adult feet
experiences misery.

Their youth and freedom in our hand
contain a future without hate,
for strugglers in a foreign land
a helping heart comes much too late.

So don't forget what you have been,
if sheltered or in deepest pain,
a child's tradition should be seen
in sunny eyes without much rain.

Tradition der Kindheit

Kindheit soll in Ruhe sprießen,
leidgeprüfte Theorie,
steht ein Kind auf großen Füssen,
lernt es Vieles viel zu früh.

Jugend liegt in unsern Händen,
voll von Zukunft ohne Hass,
Kämpfer, die hinaus wir senden,
Ruf des Herzens sie vergaß.

Denk daran, was du gewesen,
ob geschützt, ob Leid geplagt,
Kindgeschichten sollst du lesen
aus dem Lächeln, was nicht klagt.

Fortune

Fortune is a goal of games,
follow rules of destiny,
most of them result in flames,
sometimes some bring luck to me.

I can try to fool my time,
accidents by purest will,
what I win will not be mine,
things to come - they won't stand still.

Players don't have any chance
if they try to rule the game,
see that life is not romance,
you can win without that claim.

Glück

Glück, ein Ziel von jenen Spielen,
die befolgen Schicksalsregeln,
viel zu oft ins Feuer fielen,
hier und da ins Lächeln segeln.

Der Versuch, die Zeit zu täuschen,
Zufall einer Willensstärke,
was gewonnen, wird entfleuchen,
still steh'n nie der Zukunfts Werke.

Spielern ist es nicht gegeben,
Glücksgeschicke zu bestimmen,
unromantisch ist das Leben,
wer das weiß, der kann gewinnen.

Final flames

Scent of wild romantic air,
through the night with cosy flair,
faces flicker as they shine,
I am yours and you are mine.

Final witness in the dark,
never ending glowing spark,
latest child of youngest flame
dances figures in the rain.

Afterwards a quiet noise,
life of fire has no choice,
plumes of destiny cry out,
silent is its death, not loud.

Seems as if the clouds have won,
only smoke – the history's gone,
but the stories of this night
live on when I hold you tight.

Letzte Flammen

Wild romantisch liegt der Duft
nachtgeborgen in der Luft,
Antlitzflackern, Feuerschein,
ich bin dein, und du bist mein.

Letzter Zeuge Nacht verneint,
endlos noch ein Funke scheint,
jüngster Flamme letztes Kind
mit dem Regentanz beginnt.

Hinterher ein stiller Ton,
Feuers Leben ist ein Hohn,
Schrei aus Schicksalswolken quillt,
ruhevoll sein Tod, nicht wild.

Sieg der Wolken scheinbar klar,
nur noch Rauch, - was war, das war,
doch Geschichten dieser Nacht,
halten eng umschlungen Wacht.

Leafs of thoughts

Leafs of thoughts are floating helpless
if they're lost in agony,
clearness has become so speechless,
lives in sadness' company.

They have left the tree of wisdom,
storm of nonsense broke their stalks,
blurred the sense to wasted power,
worthless what a blabber talks.

Lost is lost but not forever,
take a rest and you will see
that your mind will soon be flowered,
leafs of thoughts will be set free.

Geistes Blätter

Geistes Blätter schweben hilflos,
wenn sie totgeboren sind,
Klarheit war niemals so sprachlos,
Freundschaft mit dem Leid beginnt.

Losgelöst vom Baum der Weisheit,
Stängelbruch durch Schmus beklagt,
Sinn verwaschen zur Verschwendung,
wertlos, was der Schwätzer sagt.

Fort ist fort, doch nicht für immer,
ruh' dich aus, und du wirst seh'n,
dass dein Geist wird bald schon blühen,
Blättern wird ein Licht aufgeh'n.

Dark skies

Skies are blue and open minded,
early morning is a child,
greenhorn's questions are not blinded,
truth is living in the wild.

Colours of horizons shimmer,
noon has aged through morning lies,
rays of knowledge become dimmer,
freedom has increased the price.

Adult clouds prevent from thinking,
yet, defined important things,
afternoon of life is drinking,
swallowed rain no longer stinks.

Evening keeps a chance of clearness,
winds of questions blow away
what prevents the view from trueness
to receive the final say.

Dunkle Himmel

Himmel blau und unvollendet,
früher Morgen ist ein Kind,
erste Fragen – unverblendet,
Wahrheit lebt im off'nen Wind.

Horizont im Farbenflimmer,
Morgen lügt den Mittag alt,
Strahl des Wissens nur ein Schimmer,
Freiheit wird fortan bezahlt.

Reife Wolken hemmen Denken,
Wichtigkeiten sind gesagt,
Lebensnachmittag wird trinken
Regen, der nicht länger plagt.

Chance am Abend trägt die Klarheit,
Wind aus Fragen bläst davon,
was versperrt den Blick zur Wahrheit,
um zu finden Weisheits Lohn.

Mainstream's Voice

I'm not here, I'm not there,
'cause my spirit's everywhere,
do not know how to show
through a mainstream's overflow.

Freedom is a disease
that has asked the brain to please,
funny noise that destroys
freedom's truth by mainstream's voice.

Stimme der Masse

Bin nicht hier, bin nicht dort
denn mein Geist liebt jeden Ort,
Sichtverschluss bringt Verdruss,
durch den Massenüberfluss.

Freiheitswahn krankt daran,
dass das Hirn zerstreu'n sich kann,
lustig, laut, schnell verbaut,
Masse, die die Freiheit klaut.

A writer's goodbye

Walking through my world of pain,
row of words is like a lane,
during daytime always bright,
dark and helpless in the night.

My decision not to go
furthermore within that row
keeps me quiet in a rest,
slows the beating in my chest.

What a waste that I have gone
through these years of clueless fun,
just before I start to cry,
I decide to say goodbye.

Abschied eines Dichters

Schmerzdurchwandert meine Welt,
Zeile sich wie Weg verhält,
hell am Tag voran gebracht,
hilflos, dunkel in der Nacht.

Die Entscheidung, nicht zu geh'n
weiter durch die Wortalleen,
hält in Ruh' was mich bewegt,
in der Brust es langsam schlägt.

Zeitverschwendung, jahrelang,
ahnungslos im Überschwang,
doch bevor ich weinen muss,
geb' ich auf, so mein Entschluss.

Trails

Standing in a field
and watching trails up in the sky,
inner rest embedded
in a life that is a lie.

Won't forget the good things,
and the bad ones disappear
there, where I have been -
just in my thoughts but never here.

Temporary finished.
Will my journey ever find
that what I am longing for?
I'm living in my mind.

Still I keep on riding
with the trails from blues to blue,
knowing that my dream of finding
hardly will come true.

Himmelsspuren

Ich steh in einem Feld,
am Firmament die Spuren treiben
und ruhe in mir selbst
auf Lügen, die mein Leben schreiben.

Vergess' das Schöne nicht,
das Schlechte ist schon längst verschwunden
aus dem, was einmal war -
im Kopf doch nicht in Alltagsstunden.

Ein Schluss - für den Moment.
Wird meine Reise je entdecken,
wonach ich mich gesehnt?
Mein Leben scheint im Kopf zu stecken.

Ich reite weiter fort
zum Blau auf Spuren weg von Schwermut
und weiß doch, dass der Traum
vom Finden sich mit Funden schwertut.

Four-wheeled Chair

Floating on a breeze of air,
riding on a four-wheeled chair,
someone strokes my waving hair,
takes my "always here" to "there".

Pictures taught my eyes to fly
and seduced me just to try,
but they couldn't quash my cry
when I crashed into a lie.

You have filled my life with truth,
saved my aged and tired youth,
shared my pain that you can soothe,
kiss of freedom feels so smooth.

Im Rollstuhl

Ich schweb' auf einer Brise Wind,
mein Rollstuhl lebt nun unter mir, -
jemand streicht mir übers Haar,
bringt mich nach Dort aus meinem Hier.

Die Bilder hatten mich versucht,
sie lehrten Sehnsucht, wie man fliegt -
unterdrückten nur den Schrei,
als mich mein Leben hat besiegt.

Mit Wahrheit hast du mich erfüllt,
vergreister Jugend gabst du Zeit,
lindertest geteilten Schmerz,
mit zartem Kuss aus mir befreit .

An old man, called Death

And Death is long since an old man,
he's pillowed in mortality,
nobody asks him where and when
someone might see his tragedy.

His harm seems far away from pain,
his agony is just decay,
his grief starves in forgotten rain,
he's there for us to fly away.

He is no more protagonist
of our values' border land,
he guides us just through life's end's mist
and no God takes him by the hand.

Death withers into blooming clouds,
while overhead the blue sky fades;
but holding his cold hands in shrouds,
we do not dare as heartache waits.

From time to time the old man grins,
when someone comes too close to him;
a ray of youth in darkness wins,
is lighting universe's dim.

Der Tod, ein alter Mann

Der Tod ist längst ein alter Mann,
in Schall und Rauch gebettet, müd;
kein Mensch fragt ihn mehr, wo und wann
noch einmal jemand nach ihm sieht.

Sein Leid, schon weit vom Schmerz entfernt,
in Agonie nur sein Vergeh'n,
er hat die Trauer längst verlernt,
nur da, um ihn zu übersteh'n.

Er ist nicht mehr Protagonist
der Grenzen aller Wertigkeit,
nur Wächter einer Galgenfrist,
kein Gott nimmt sich dafür noch Zeit.

So welkt er hin im Wolkenmeer,
darüber blaue Himmel flieh'n,
zu halten seine Hand fällt schwer,
aus Angst, sie sich ans Herz zu zieh'n.

Ein Lächeln überfliegt ihn doch,
kommt beiläufig ihm wer zu nah,
ein Silberstreif im schwarzen Loch
erleuchtet, was schon immer war.

Puppethysteria

A soulless puppet on the string
is preaching words of agony,
is led by backers' filthy hands,
a narcissistic tragedy.
The message, mantra-like to sing
by countless followers of hope,
hysterically ends up in rants,
fulfilling void around the globe.

If wars, if peace, no matter what,
it all gets overwhelmed by show,
and muzzled sceptics have no chance ,
the puppet rules the money flow.
The fetish of a world wide plot
is getting wilder as it fails,
clear thinking gets replaced by trance,
the spoof of doom is what it hails.

The end comes closer day by day
as long as prayers may believe,
as long as preachers frame the truth;
they are the bulging interests' thief.
Reality will have the say,
when chiefless puppets lose their charm
collapsing in their hubbub booth,
while backers live off future's harm.

Marionettenhysterie

Seelenlos die Marionette,
predigt Worte heren Schmerzes,
in der Hintermänner Hände
Drama selbstverliebten Herzes.
Anhänger der Mantrakette
singen Hoffnungsbotschaftsweisen,
Hysterie legt Flächenbrände,
die der Welten Leere speisen.

Krieg und Frieden, nebensächlich,
lässt durch Schau sich dominieren,
Kritiker nur mundtot leiden,
Marionetten Geld entführen.
Weltbewegung wird zum Fetisch,
immer wilder im Vergehen,
Traumtanz heißt Gedanken meiden,
Unkenruf entgegen flehen.

Täglich rückt das Ende näher
wenn der Glaube traut Gebeten,
Prediger verzieh'n den Ramen
stehlend, was hervorgetreten.
Doch das Leben trifft uns eher,
wenn die Marionette schwächelt;
fällt im Kartenhaus zusammen,
Hintermännern Zukunft lächelt.